언론고시
언론고시
언론고시
언론고시

방송사 언론사 시험 대비

고급 언론고시
실전연습
논술편

언론고시
언론고시
언론고시
언론고시

방송사 언론사 시험 대비

고급 언론고시
실전연습

논술편

머리말

안녕하세요. '고급 언론고시 실전연습' 시리즈를 총괄 집필한 이현택입니다. 이 시리즈의 첫 책인 논술편을 발간한 지도 벌써 10년이 지났습니다. 함께 공부했던 학생들이 이제 중견 기자가 되어 가끔씩 연락을 해오는 모습이 대견하기도 하고, 또 그들이 제게 새로운 스승이 되어 가르침을 줄 때는 더더욱 고마운 느낌이 듭니다.

언론은 또 다시 대변혁기입니다. 이번에는 인공지능(AI) 차례입니다. 1990년대 CTS(컴퓨터조판시스템), 2000년대 인터넷, 2010년대 스마트폰 등의 광풍이 몰려 왔다면, 최근 몇 년은 인공지능(AI)으로 인한 환경이 우리를, 저널리스트를, 언론을 변화하도록 요구하고 있습니다. 이미 일부 언론사에서는 몇 년 치 기사를 AI에 학습시킨 시스템을 구축했고, 보도자료만 입력하면 선배들의 작성 스타일로 떡하니 기사가 출고될 수 있는 시대가 됐습니다.

현장에서도 챗GPT 없이는 일하기 힘든 시대가 됐습니다. 나는 그렇지 않다는 사람이 있다면 지금이라도 사용을 권합니다. 당장 미국 유수 언론사와 저널리즘스쿨에서는 AI를 활용해 보도의 양과 질을 더 개선할 수 있는 방법에 대한 실험과 논의가 한창입니다. AI가 방대한 탐사보도 자료를 읽고 그 추세나 특정 키워드의 빈도 등을 추출해 주는 것이 그 예가 될 수 있겠습니다. 물론 전체 AI 생성 콘텐츠를 기자 본인이 한 글자씩 팩트체크하는 것은 필요합니다. 또 봇(bot)을 만들어 저질 콘텐츠를 쏟아내는 사람도 세계 곳곳 어딘가에는 분명히 있습니다.

언론을 둘러싼 이해관계자들의 논란은 여전합니다. 광고성 기사, 가짜뉴스, 팩트체크 등 2010년대 말부터 논의되던 이슈 중 작금의 언론 현실에서 나아진 것은 무엇일까요. 네이버와 카카오가 정치권의 논란에 못이겨 뉴스제휴평가위원회를 사실상 종료했고, 카카오는 아예 심사위원의 정성평가가 개입할 수 없는 정량평가 100%의 입점 심사를 도입한다고 합니다. 기사가 마음에 들지 않으면 왜곡, 편파보도, 가짜뉴스 등으로 낙인찍기는 여전하고, 딥페이크를 만들어 기자들을 모욕하는 사람도 있습니다. 디지털화에 대한 편집국과 보도국 '어른들'의 마인드는 크게 변화한 것 같지는 않습니다. 디지털퍼스트의 중요성을 부정하는 사람은 거의 없지만,

"우리는 기존의 기사가 좋으니까 이걸 잘 재활용해 보자."라는 식의 사고나 디지털 업무를 가욋일로 생각하는 뉴스룸 문화는 여전히 남아 있습니다.

물론, 언론의 아젠다 세팅 역할이나 세상을 밝히는 공기(公器)로서의 사회적 역할은 여전히 중요합니다. 언론학자 라이언 토마스(워싱턴주립대 교수)는 "우리가 쓰면 당신(독자)은 읽으라."라는 저널리즘 모델("We write, you read" model of journalism)은 여전히 온전하다(Intact)"고 진단합니다.[1] 독자들의 여론 참여가 이전에 비해 늘어났지만 뉴스 제작 전반에 참여할 정도는 아니고, 뉴스 수용자와 저널리스트의 경계가 사라진 것은 아니기 때문입니다. 독자와 시청자는 존경하되, 저널리스트 스스로의 역할을 꾸준히 정립하는 노력이 필요하겠습니다.

하지만 우리는 이 일이 좋아 언론계에 입문했고, 여전히 작은 콘텐츠라도 만들어 우리 독자와 시청자에게 도움이 되겠다는 포부를 갖고 있습니다. 다행히 10여 년 전의 수험 도구는 지금도 달라지지 않았고, 앞으로도 급변할 가능성은 적습니다. 여러분의 열정과 노력으로 꿈을 이뤄낼 수 있습니다.

지난 10여 년 동안 일부 국내 전문가와 교육자은 미국식으로 작은 매체에서 시작해 계속 경력직으로 이직하는 것을 제언하기도 했습니다. 하지만 실제로 미국에서 저널리즘스쿨 학생들이 취업에 고군분투하는 모습을 보면 우리 토양에 맞는 답인지, 그게 바람직한 방향인지에 대해서는 동의하기 어렵습니다. 드문 사례이긴 하지만 미국에도 대학 졸업 후 유력 언론사에서 커리어를 시작하는 '복 받은' 언론인들도 일부 확인했습니다.

---

1) Thomas, R.J. (2022). The Welcome Persistence of "We Write, You Read" Journalism. In: Manninen, V.J.E., Niemi, M.K., Ridge-Newman, A. (eds) Futures of Journalism. Palgrave Macmillan, Cham. https://doi.org/10.1007/978-3-030-95073-6_10

이 책은 한 권으로 언론고시에 필요한 논술 연습을 마칠 수 있도록 설계했고, 지난 10년간 필요한 내용을 보강하는 식으로 개정해 왔습니다. 기존의 예제를 중심으로 생각의 틀을 다듬고, 유제를 통해 자신의 답안을 하나씩 써 본다면 주요 언론사 합격은 그리 어렵지 않을 것입니다. 이전에 한 학생(현 신문사 기자)이 "기자님 책만 봐도 주요 언론사 필기시험 통과는 어렵지 않았다."라고 덕담을 해 주기도 했습니다.

이번 개정에서는 AI를 중심으로, 미래 언론인이 알아야 할 화두를 가미하는 데 집중했습니다. 그중에서도 논술과 최종면접에서 중요할 것으로 예상되는 AI시대의 편집국/보도국 리스크, AI시대의 언론 윤리에 대해서 내용을 추가했습니다. 기존의 기출문제를 검토하고, 음미해 봐야 할 화두를 제안했습니다. 또한 최근 몇 년간의 언론 보도를 중심으로 허위/오정보, 트라우마, 전쟁보도 등의 화두를 제시하였습니다.

이 책을 만들면서 또 꾸준히 개정하면서 제게 많은 가르침을 주신 이화여대 윤세영저널리즘스쿨의 이재경, 송상근 교수님과 제 클래스 학생 여러분들께 많은 도움을 받았습니다. 오경묵(조선일보), 주동일(뉴시스), 양수민(중앙일보)의 도움에도 고맙다는 인사를 전합니다. 또한 제가 한 층 더 성장할 수 있도록 조언과 코칭을 아끼지 않으신 애리조나 주립대 MIDaS랩 권경희 교수님과 문영은 박사님, 미국 탐사보도의 기법을 알려준 하워드탐사보도센터 마크 그린블래트 교수님, 로렌 무치올로 교수님, 앤젤라 힐 교수님께도 감사하다는 말씀을 올립니다. 또한 제게 글로벌 커뮤니케이션 교육의 인사이트를 일깨워 준 후안 문델 미시건주립대 교수님, 제 진로와 학문적 성장을 위해 따뜻한 멘토링과 지도를 해 주신 주진호 미국 보이시주립대 교수님께도 깊이 감사드립니다.

한국 기자와 언론학도를 위한 애정을 아끼지 않고 있는 브라이언 로젠털 미국 탐사보도협회(IRE) 회장님(뉴욕타임스 기자)께도 감사드립니다. 추후 윤세영스쿨 학생들을 위해 특강 연사로 모셔 보려고 합니다.

이 시리즈는 언론인이 되기 위해 학원을 다녀야 한다면서 알바에 바쁜 언론고시 수험생들에게 단비 같은 연습서를 만들겠다는 10년 전 젊은 기자의 패기에서 시작됐습니다. 이번 개정판의 수익금은 내년 IRE 서울 밋업(Meetup) 식비 등에 사용할 예정입니다. 또한 일부 기자들에게 IRE 멤버십을 선물할 생각도 하고 있습니다.

독자 여러분도 빨리 수험 생활을 끝내고 저자들과 저널리스트 대 저널리스트로 경쟁하는 날이 오기를 바랍니다.

2024년 10월

이현택 드림

목차

PART 1 장수 피하기 위한 논술 팁 : 시험장에서 이것만 기억하라.

- 초보자도 아는 논술준비 왕도 p.02
- 운칠기삼은 없다. p.04
- 남들은 어떻게 쓸지를 떠올려라. p.05
- 쓸 게 없으면 '언론의 의미'에 대해 고민하라. p.08
- 시작과 마무리를 할 '재료'가 없다면 p.09
- 필사와 암기에 대한 편견 p.11
- 그 외에 생각해 봐야 할 것들 p.13

PART 2 논술 기출 분석

KBS	p.17	MBC	p.22
SBS	p.26	조선일보·TV조선	p.30
중앙일보·JTBC	p.35	동아일보·채널A	p.39
매일경제·MBN	p.43	한국경제·한국경제TV	p.49
한겨레신문	p.53	경향신문	p.57
그 외에 생각해 봐야 할 기출 논제들			p.61

PART 3 실전 논제 연습

논제 1 p.70

한반도가 동북아는 물론 국제 정치의 주요 중심지로 부상하고 있다. G2인 미국과 중국은 패권 다툼을 일삼고 있고, 일본은 집단적 자위권 문제를 들고 나왔다. 우리나라의 대응 방안은 무엇일까? 지금의 상황이 17세기 병자호란 당시와 비슷하다는 의견도 제시되는데, 당시의 조선과 지금의 대한민국을 비교하라.

논제 2   p.79

2012년 7월부터 세종특별자치시가 공식 출범했다. 지역균형발전이라는 목적이 있었지만, 서울과 세종시를 오가는 비효율과 공무원의 삶의 질에 대한 문제가 제기됐다. 오늘날 세종시 문제의 이유와 해결 방안은 무엇일까?

논제 3   p.86

신문의 위기가 심화되고 있다. 이미 한국 언론에서는 100만 부 이상 유료 부수 신문이 거의 사라진 상태다. 게다가 지난 2013년 8월 미국 유력지 워싱턴포스트가 136년의 역사를 뒤로하고 '아마존'의 CEO 제프 베조스에게 2억 5,000만 달러에 팔리면서, 언론계 종사자들 사이에서는 신문의 미래가 없다는 이야기까지 나왔다. 하지만 워싱턴포스트의 마틴 배런 전 편집국장은 낙관론을 내놨었다. "사람들은 종이신문이 위기에 처해 있고, 많은 도전에 직면해 있다고 하지만, 독자의 요구에 맞게 변화를 거듭하고 있어 미래는 낙관적이다."라고 말이다. 신문이 위기에 있는 것은 자명해 보인다. 하지만 기회일 수도 있다. 어떻게 돌파할 수 있을까?

논제 4   p.96

종합편성채널이 출범한 지 10년이 됐다. 종합편성채널의 현재와 미래에 대해 논하라.

논제 5   p.103

한때 인터넷에서 '오바마 한국 기자'라는 동영상이 회자가 된 적이 있다. 2010년 한국에서 열린 G20 정상회담 기자회견장에서, 버락 오바마 미국 대통령이 한국 기자에게 질문을 하라고, 한국어로 해도 좋다고 했지만 그 자리에 있던 한국 기자들 누구도 질문을 하지 못했던 것을 담았던 내용이다. 한국 기자들은 왜 질문을 하지 않을까?

논제 6   p.112

권력은 남을 복종시키거나 지배할 수 있는 공인된 권리와 힘을 뜻한다. 주로 국가가 국민에 대해 강제력을 행사할 때 사용되는 개념이다. 권위는 어떤 분야에서 사회적 인정을 받거나 영향력을 끼치는 위신이라는 뜻으로 쓰인다. 권위는 남을 지휘하거나 통솔하여 따르게 하는 힘을 뜻하기도 한다. 그렇다면 권력과 권위는 상호보완관계인가, 상호배타관계인가?

논제 7   p.121

저널리스트는 때때로 특종과 도덕 사이의 딜레마에 빠진다. 1994년 퓰리처상 사진부문을 수상한 사진기자 케빈 카터가 대표적인 예다. 케빈 카터는 굶주림에 지친 수단 소녀를 지켜보고 있는 독수리를 찍은 사진으로 세계적인 주목을 받았지만, 소녀를 먼저 구하지 않았느냐는 비판에 괴로워하다 결국 자살했다. 2012년 뉴욕포스트에 실린 한국인 남성의 사진 역시 마찬가지다. 뉴욕포스트는 1면 커버로 '이 남성은 선로에 떨어져 죽기 직전'이라는 제목과 함께 신문 하단에 '(죽을) 운명(DOOMED)'이라는 단어를 굵은 글씨로 표기했다. 사진 속 남성은 지하철역에서 떠밀려 지하철에 치여 숨진 한국인 남성이었다. 알 권리와 인간적 가치가 충돌할 경우 순간적인 판단을 요하는 방송기자로서 어떤 선택을 해야 하는지 구체적 논거를 들어 논하라.

논제 8   p.130

〈KBS 뉴스9〉에는 지난 10년 동안 여러 가지 코너가 새로 생겼다. 신설된 코너들을 아는 대로 쓰고 그 코너들의 형식과 특징을 간략히 서술한 뒤 변화된 〈KBS 뉴스9〉의 장단점을 뉴스 생산자 측면과 뉴스 수용자 측면에서 논하고 수험생 본인의 제안점이나 대안이 있다면 제시하라.

논제 9   p.138

일간베스트저장소(일베)는 계속 논란이 되는 사이트다. '민주화' 같은 단어에 대해 비하적인 뉘앙스를 붙이는 것은 기본이고, 진보진영의 대선주자에 대해서 조롱을 하거나 악성 글을 올리는 것은 일상적이다. 대한민국 대표 극우 사이트라는 이야기도 있다. 젊은이들은 왜 일베를 하는가? 일베를 필두로 한 극우 담론은 왜 젊은 세대에게 광범위하게 유통되는지 논하라.

논제 10   p.145

18대 대선의 화두는 경제민주화였다. 일부 재벌 기업에 쏠린 부의 편중을 완화시킨다는 뜻에서 나왔다. 헌법 119조 2항에 나온, '국가는 균형 있는 국민경제 성장과 적정한 소득 분배, 시장 지배와 경제력 남용 방지, 경제 주체 간의 조화를 통한 경제민주화를 위해 경제에 관한 규제와 조정을 할 수 있다.'라는 조항에 근거한다. 하지만 경제민주화가 경제적 창의와 자유를 제한한다는 반론도 있다. 경제민주화와 효율성 간의 관계를 분석하고, 바람직한 경제민주화의 방향에 대해 논하라.

논제 11   p.152

전세와 임대차는 별개의 개념이다. 임대차는 상대방이 어떤 물건(부동산)을 사용하기로 하고, 이에 대해 정기적으로 사용대가(차임)를 지급하기로 약정하는 계약(채권)이다. 반면 전세는 한국에서만 존재하는 독특한 형태의 물권(物權)이다. 임대차의 경우 원칙적으로 등기를 하지 못하고, 임대차보증금 역시 필수적인 요소가 아닌 반면, 전세는 등기사항일 뿐 아니라 해당 부동산 시가의 70%(많게는 90%까지도 있다) 전후한 금액을 소유자가 받아놨다가, 전세계약 종료 시 전세권자에게 반환하는 전세금을 필수적인 요건으로 한다. (결국 소유자는 전세금의 이자를 그 사용 대가로 받는 것이다) 하지만 부동산 기사에서는 편의상 전세로 통일한다. 당신이 담당기자라면 다른 개념의 구분 없이 정확히 용어를 사용해 보도하겠는가, 아니면 편의상 전세로 통일하겠는가?

논제 12   p.162

박근혜 전 대통령은 독일 드레스덴을 찾아 통일에 대한 구상을 밝혀 전 세계적으로 주목을 받았다. 드레스덴 공대 연설에서 박 전 대통령은 '드레스덴 구상'을 발표했다. 남북 공동 번영을 위한 민생 인프라 구축, 남북 주민의 인도적 문제 우선 해결, 남북 주민 간 동질성 회복의 3가지였다. 이는 박 전 대통령이 주창한 '통일대박론'의 연장선상이다. 하지만 북한은 박 전 대통령의 드레스덴 구상에 대해 "독일은 흡수통일로 이뤄진 나라로, 그곳에서 박근혜가 '통일'에 대해 입을 놀렸다는 것만으로도 불순한 속내를 짐작하고도 남음이 있다."라고 원색비난했다. 수험생의 통일대박론에 대한 의견을 제시하라.

논제 13   p.170
한국 사회에는 많은 권력이 있다. 국민이 선출한 입법부, 국민이 선출한 대통령이 임명한 행정부가 있다. 사법부에 대해서는 선출되지 않은 권력이라는 비판이 많았다. 사법부 외에도 언론에 대해서도 '무관의 제왕'이라는 이름과 함께 선출되지 않은 권력이라는 비판이 있다. 많은 돈을 벌어들이는 대기업 역시 이 비판에서 자유롭지 않을 것이다. 한국 사회의 선출되지 않은 권력 중 하나를 골라, 이에 대해 논하라.

논제 14   p.180
물건을 판매하는 사람이 자연재해를 이용해 폭리를 취하는 것은 정당한가. 마이클 샌델의 〈정의란 무엇인가〉에 나오는 물음이다. 타인의 어려운 처지를 이용해 폭리를 취하는 것은 비판의 여지가 크다. 하지만 자연재해를 대비해 평소 창고를 정비했던 상인과 그렇지 못한 상인이 같은 가격에 판매해야 한다면, 그것은 정의로운가. 상인들은 모두 폭리를 취할 가능성이 있는 사람들인가. 하지만 상인이 없다면 우리는 정부에서 물건을 배급받아야 할지도 모른다. 자원의 희소성과 재난상황에 대한 다양한 변수를 고려해, 재난 지역에서 상인의 폭리를 옹호하라.

논제 15   p.187
2012년 대선 당시 야당을 중심으로 투표시간을 연장하자는 목소리가 거셌다. 투표율을 높이기 위해 현재 '오후 6시까지'인 투표시간을 3시간 연장해 '오후 9시까지' 할 수 있도록 하자는 요구다. 투표시간 연장에 대한 본인의 의견과 근거를 제시하라.

논제 16   p.194
당신은 현행 교육제도의 승자인가, 패자인가? 그렇다면 당신은 공영방송 뉴스·시사 프로그램에서 교육제도에 대해 어떻게 다룰 수 있을 것인가?

논제 17   p.202
인터넷 포털에는 매일같이 연예인들의 열애설이 쏟아진다. 일각에서는 연예인들의 열애설 보도가 정부 비판을 가리기 위한 의도라는 음모론까지 제기될 정도다. 언론매체들의 열애설 보도는 정당한 보도활동인가, 아니면 유명인에 대한 사생활 침해인가? 당신의 의견을 제시하라.

논제 18　　　　　　　　　　　　　　　　　　　　　p.210
연명치료와 존엄사에 대한 본인의 의견을 쓰라.

PART 4　실전 모의고사

모의고사 1회　　　　　　　　　　　　　　　　　p.218
공영방송 KBS의 올바른 역할에 대해 논하라.

모의고사 2회　　　　　　　　　　　　　　　　　p.223
신문사별로 온라인 뉴스 유료화가 화두다. 하지만 포털사이트를 통한 뉴스 콘텐츠의 무료 유통은 이미 보편화된 상태다. 온라인 뉴스 유료화는 가능한가. 가능하다면 그 방법은 무엇인가?

모의고사 3회　　　　　　　　　　　　　　　　　p.227
로봇 저널리즘 시대에 기자의 사회적 역할과 가치를 논하라.

모의고사 4회　　　　　　　　　　　　　　　　　p.231
바람직한 한일 관계의 조건

PART 1

장수 피하기 위한 논술 팁

시험장에서 이것만 기억하라.

초보자도 아는 논술준비 왕도

운칠기삼은 없다.

남들은 어떻게 쓸지를 떠올려라.

쓸 게 없으면 '언론의 의미'에 대해 고민하라.

시작과 마무리를 할 '재료'가 없다면

필사와 암기에 대한 편견

그 외에 생각해 봐야 할 것들

PART 1

장수 피하기 위한 논술 팁

시험장에서 이것만 기억하라.

 이 책을 읽고 있는 독자들은 아마 논술의 기본기에 대해서는 고민할 필요가 없을 것이다. 최근 10여 년간 대입에서 논술이 거의 필수과목이 되다시피 했고, 중고교를 거치면서 꾸준히 수행평가를 거친 오늘날의 대학생들은 상당 부분 논술에 대한 거부감이 적다고 생각한다. 그런 이들에게 보다 실제적인 도움을 주기 위해, 꼭 기억해야 하는 것들을 한 권에 담았다.

초보자도 아는 논술준비 왕도

 책을 시작하면서, 언론고시 초보들이라도 다 아는 격언(?)에 대해서 간단히 정리하면서 시작하고자 한다. 우선, 논술을 쓰기 전에 개요를 써야 하는 것은 기본이다. 특히 아나운서 지망생들의 경우, 필자는 무조건 개요 작성을 시키는 편이다. PD나 기자 등 다른 직종에 비해 필기시험이 심적으로 차지하는 비중이 작기 때문에, 아나운서 지망생 중 일부는 논술을 대충 쓰는 경향이 있다(물론 필기와 실기 모두 빼어난 실력을 갖고 있는 아나운서 지망생도 결코 적지 않다). 게다가 매일같이 실기 연습을 하다 보니, 필기 중에서도 논술에 대해 큰 고민을 할 여력도 없어 보인다. 이 때문에 글발이 쉽게 늘지 않는다. 그 대안으로 개요 작성을 권하는 편이다.

또한 논술을 쓰기 전, 근거는 뭐로 제시할지, 인용을 할 만한 격언이나 발언은 무엇이 있는지 고민해 봐야 한다. 시험시간은 아무리 적다고 하더라도 60분은 된다. 그중에서 10분 정도만 꼼꼼하게 뭘 쓸지에 대해 생각해 본다면, 이후 50분 동안만 글을 써도 충분히 1,200~1,500자 분량의 논술 답안지를 꽉 채울 수 있다. 시간이 없다, 급하다 등의 핑계로 다짜고짜 3줄 가량을 쓰고 나면, 이어서 뭘 써야 할지 애매해서 시간을 더 허비하게 된다.

논작 공부는 스터디 그룹이 기본이다. 스터디 그룹을 진행할 때 가장 중요한 것은 남의 코멘트를 듣고, 남의 답안을 보고, 나만의 답안을 새로 써 보는 일이다. 논술 첨삭의 기본은 강평과 재작성이기 때문이다. 일부 학원에서는 1:1 개인지도라는 이름의 수업이 있을 정도다. 물론 그 내용은 논제 해설, 작성법에 대한 코멘트 외에 첨삭과 재작성 확인 정도가 될 것이다. 따라서 돈 들이지 않고 효과를 내기 위해서라도 재작성은 반드시 해야 한다. '퇴고'라는 좋은 말도 있지만, 필자는 재작성이라는 말을 즐겨 쓴다. 백지 상태에서 다시 써보라는 이야기다.

수험장의 필기 답안을 복원하는 것도 빼먹을 수 없다. 필기시험을 치고 나면, 내가 잘 쳤다느니 망쳤다느니 하는 신세한탄을 할 것이 아니라, 집에서 맑은 정신으로 수험장에서 썼던 답안을 복원하는 습관을 들여야 한다. 합격했다면 왜 합격할 수 있었을지를 분석하고, 떨어졌다면 합격한 동료 수험생의 글과 바꿔 읽으면서 대안을 찾아야 한다. 또한 상당수의 수험생들은 수험장에서 더 집중을 잘하기 때문에, 평소 실력보다 더 나은 글을 쓰기도 한다. 이를 다시 살펴본다면 앞으로의 실력 증진에 도움이 될 것이다.

논술 답안을 타이핑해 DB화하는 것도 좋은 방법이다. 단, 그 DB 작품을 꾸준히 찾아본다는 전제하에서 말이다. 자신이 써본 글과 수험장에서의 출제 논제를 비교하고, 수험장의 글과 평소 실력을 비교해 볼 수 있다.

여기까지는 초보 수험생도 아는 내용이다. 앞으로는 장수생들이 간과하는 포인트를 중심으로 '논술 준비 패러다임 바꾸기'에 대해 설명하고자 한다.

운칠기삼은 없다.

운칠기삼(運七技三). 필자가 가장 싫어하는 말이다. 많은 언론고시생이 자신이 탈락할 때마다 이 말을 금과옥조(金科玉條)처럼 떠올린다. 이는 사람 일의 성패는 운이 7이고 노력은 3이라는 뜻으로, 열심히 공부한 수험생 자신이 탈락한 이유는 '운이 없어서'라고 믿게 만든다.

반은 맞고 반은 틀렸다. 운이 따르는 경우도 있다. 한 지상파 합격자는 "필기시험 10위권에 최종합격자들은 한 명도 없었다."고 했다. 물론 이는 해당 방송사에서 철저히 제로베이스를 운영하기 때문에, 3~4차 단계 전형에서 고득점을 올린 지원자들이 치고 올라가면서 나타난 결과다. 하지만 이들은 이후 전형에서 실력이 높았고, 필기시험의 실력이 어느 정도 됐기 때문에 가능했다.

하지만 이를 많은 장수생은 "쟤는 어려서 됐어.", "뭐 배경이 있나 보지." 등으로 치부한다. 그러면 수험기간은 늘어난다. 막상 변명으로 일관하는 수험생들이 뒤늦게 현직 언론인이 되더라도, 먼저 합격한 젊은 친구들과 취재 경쟁을 해보면 그리 녹록하지 않다는 것을 뒤늦게 알게 되는 경우도 꽤 있다. 그렇다. 운이 아니라 티 안 나게 열심히 노력한 포인트가 있는 것이다.

아나운서 지망생 가운데에도 특히 남자 아나운서 지망생들에게는 필기 1등을 목표로 노력하라는 이야기를 한다. 채용인원이 워낙 적고, 남자의 경우 대부분 0명 아니면 1명인 셈이기 때문에, 운을 얻기 위해서라도 압도적인 필기점수를 받으라는 말을 하는 것이다.

남들은 어떻게 쓸지를 떠올려라.

아래 지문을 읽어보자. 연암 박지원 〈호질〉의 본문 일부다.

"어허, 유자(儒者)여! 더럽다."

북곽 선생은 머리를 조아리고 범 앞으로 기어가서 세 번 절하고 꿇어앉아 우러러 아뢴다.

"호랑님의 덕은 지극하시지요. 대인(大人)은 그 변화를 본받고, 제왕(帝王)은 그 걸음을 배우며, 자식 된 자는 그 효성을 본받고, 장수는 그 위엄을 취하며, 거룩하신 이름은 신령스런 용(龍)의 짝이 되는지라, 풍운이 조화를 부리시매 하토(下土)의 천신(賤臣)은 감히 아랫바람에 서옵나이다."

범은 북곽 선생을 여지없이 꾸짖었다.

"내 앞에 가까이 오지 말아라. 내 듣건대 유(儒)는 유(諛)라 하더니 과연 그렇구나. 네가 평소에 천하의 악명을 죄다 나에게 덮어씌우더니, 이제 사정이 급해지자 면전에서 아첨을 떠니 누가 곧이듣겠느냐? 천하의 원리는 하나뿐이다. 범의 본성(本性)이 악한 것이라면 인간의 본성도 악할 것이요, 인간의 본성이 선(善)한 것이라면 범의 본성도 선할 것이다. 너희들의 떠드는 천 소리 만 소리는 오륜(五倫)에서 벗어난 것이 아니고, 경계하고 권면하는 말은 내내 사강(四綱)에 머물러 있다. 그런데 도회지에 코 베이고, 발꿈치 짤리고, 얼굴에다 자자(刺字)질하고 다니는 것들은 다 오륜을 지키지 못한 자들이 아니냐? … (중략) … 우리 몸의 얼룩무늬 한 점만 엿보더라도 족히 문채(文彩)를 천하에 자랑할 수 있으며,

한 자 한 치의 칼날도 빌리지 않고 다만 발톱과 이빨의 날카로움을 가지고 무용(武勇)을 천하에 떨치고 있다. 종이(宗彛)와 유준(尊)은 효(孝)를 천하에 넓힌 것이며, 하루 한 번 사냥을 해서 까마귀나 솔개·청마구리·개미 따위에게까지 대궁을 남겨 주니 그 인(仁)한 것이 이루 말할 수 없고, 굶주린 자를 잡아먹지 않고, 병든 자를 잡아먹지 않고, 상복(喪服) 입은 자를 잡아먹지 않으니 그 의로운 것이 이루 말할 수 없다. … (중략) …"

북곽 선생은 자리를 옮겨 부복(俯伏)해서 머리를 새삼 조아리고 아뢰었다.

"맹자(孟子)에 일렀으되 '비록 악인(惡人)이라도 목욕 재계(齋戒)하면 상제(上帝)를 섬길 수 있다' 하였습니다. 하토의 천신은 감히 아랫바람에 서옵니다."

북곽 선생이 숨을 죽이고 명령을 기다렸으나 오랫동안 아무 동정이 없기에 참으로 황공해서 절하고 조아리다가 머리를 들어 우러러보니, 이미 먼동이 터 주위가 밝아오는데 범은 간 곳이 없었다. 그때 새벽 일찍 밭 갈러 나온 농부가 있었다.

"선생님, 이른 새벽에 들판에서 무슨 기도를 드리고 계십니까?"

북곽 선생은 엄숙히 말했다.

"성현(聖賢)의 말씀에 '하늘이 높다 해도 머리를 아니 굽힐 수 없고, 땅이 두텁다 해도 조심스럽게 딛지 않을 수 없다' 하셨느니라."

이 글에서 호랑이가 말하고자 하는 바는 무엇일까. 이를 바탕으로, 현대 사회의 문제점을 비판하고 해결책을 제시하라는 논술문이 출제된다면 당신은 어떻게 쓸 수 있을까.

상당수의 수험생들은 당시 북한의 핵실험에 착안해, 북핵 문제에 대해 꾸짖는 호랑이의 모습을 떠올렸다고 한다. '북곽'이 '북한'하고 발음이 비슷해서 그리 썼다는 수험생도 있었다. 북핵을 주제로 썼다면, 답안의 방향이나 내용 역시 크게 다르지는 않았을 것이다. 한 간부는 "다들 북핵 문제 쓰면 구별이 되겠느냐."라고 하였다. 필자가 최종합격했던 한 언론사의 필기시험이었다. 필자는 제대로 역할을 하지 못하는 언론에 대한 국민의 꾸짖음이라는 방향으로 썼던 기억이 난다.

이런 사례는 의외로 많다. 이전에 한 지상파 방송사에서는 실무평가 도중에 논술시험을 치렀는데, 한 조의 6명 중 5명이 같은 주제로 쓴 경우도 있었다. 항상 펜을 들기 전, 남들이 어떻게 쓸지에 대해서 고민을 하고 써야 덜 식상하다.

특히나 자신이 써본 주제를 유형화해, 이에 끼워 맞추는 경우는 아주 위험하다. 필자가 강의를 갔던 한 대학에서 어떤 학생은 "현직 기자인 언니가 그러는데, 다양한 주제별로 유형화해서 글을 쓰고 나만의 답을 외워 두면 좋다던데요."라고 했다. 글쟁이인 기자가 그런 말을 하다니 정말 답답하다. 논술이 한국어 능력 시험인가. 논술을 외워서 쓴다는 발상이 더 참신(?)하다.

쓸 게 없으면 '언론의 의미'에 대해 고민하라.

 필기시험장에서는 항상 자신이 쓰고 싶은 것만 쓸 수는 없다. 쓰기 싫은 것도 써야 한다. 쓰고 싶은 것만 쓰기를 바란다면, 돈 내고 시집을 발간해야 하는 것 아닌가. 여기는 시험장이고, 나는 동료 수험생들과 경쟁해야 한다. 그래서 좋든 싫든 써야만 한다.

 때로는 아예 쓸 것이 생각나지 않을 때도 있다. 조선일보의 출제 유형을 떠올려 볼 수 있다. '위선(僞善)과 위악(僞惡)'이 논술 주제로 출제된다면 어떻게 쓸 것인가. 그냥 멍하니 있을 것인가? 딱히 쓸 게 없을 때는 언론 프레임을 떠올려 볼 수도 있다. 한국의 언론은 유독 편 가르기와 선 긋기, 마녀사냥식 보도 등이 심하다.

 특히나 첨예하게 대립하는 사회 이슈에 대해서 논술을 쓸 때에는 언론의 역할을 비판하는 것이 효과적인 방법이 될 수 있다. 가끔 어떤 칼럼들을 보면 절대적인 선(善)이라고 생각하는 것을 상정해 두고, 반대되는 진영을 무작정 비판하는 경우가 많이 있다. 또한 사실 확인이 기본인 스트레이트 기사에서 몰아가는 식의 보도를 하는 경우도 많다. 이런 점에 대해서 짚어가면서, 언론의 역할을 재조명해 보는 답안은 어떨까 싶다.

시작과 마무리를 할 '재료'가 없다면

돌고래는 헤엄을 치면서도 꿈을 꾼다. 숨을 쉬기 위해 수면 위로 올라와야 하지만, 피부가 연약해 햇볕에 오래 노출돼서는 안 된다. 돌고래가 끊임없이 움직일 수밖에 없는 이유다. 잠은 언제 자느냐고? 해법이 기발하다. 좌뇌, 우뇌를 번갈아가면서 쉬게 하는 거다. 돌고래의 몸은 계속 움직이고 있지만 꿈을 꾸고 있는 셈이다. 이런 돌고래는 통일로 가는 길목에 서 있는 남과 북이 나아가야 할 방향을 보여 준다.

뒤에 소개되는 논제에 대한 한 수험생의 답안이다. 주제는 "통일대박론에 대한 의견을 제시하라."였다. 그런데 뜬금없는 돌고래라니? 물론 필자의 의도는 따로 있다. '돌고래가 헤엄치듯 지속적인 경제 교류를 할 때, 진정한 통일대박을 실현할 수 있다.'라는 이야기를 비유적으로 제시하기 위해서다. 하지만 이를 위해 한 문단을 돌고래 이야기에 할애하는 것은 지면 낭비다.

이런 생각도 든다. 시작을 해야겠는데 한 단락만큼의 이야기나 현안이 없다고 판단한 것이 아닐까. 하지만 이럴 때는 주변의 환경에 대해, 선언적으로 단문을 하나씩 치고 나가면서 서론을 구성할 수 있다. 최신 시사 문제의 이슈를 3문장 정도 구성하고, 이후 반론이나 반박에 대해서 소개하며, 이에 대해 문제를 환기시키는 것이다. 사실 고교 논술 때 다 배운 것인데, 유독 언론고시 현장에서는 모두 까먹는 듯하다.

아니면 첫 문장부터 치고 나오는 것도 방법이다. '육아휴직은 특혜다.'라는 식으로 치고 나오는 것은 어떨까. 물론 반어법이다. 특혜라고 느껴질 만큼 직장 맘들에게 녹록지 않은 것이 현재 직장의 현실이라는 이야기를 해야 하기 때문이다. 아니면 'ㅇㅇㅇ은 잘못됐다.'라는 식으로 선언을 하고서 치고 들어가는 것도 방법이다. 특히 800자 짜리 짧은 논술을 출제하는 회사에서는 요긴한 방법이다.

마무리를 할 재료가 없다는 이야기도 많이 나온다. 그렇다고 비워 둘 수는 없다. 4가지 팁을 말해 주고 싶다.

① Once Again : 주된 논지를, 레토릭을 살려서 강조한다.
② **전문가의 멘트** : 논란이 될 법한 멘트를 사용한다. 책에서 읽은 티 확 나게 "케네디는 '시간을 도구로 사용할 뿐, 시간에 의존해서는 안 된다.'라고 말했다."라는 식의 멘트 사용은 금물이다.
③ **대안을 어떻게든 제시한다.** : 대안이 없는 논술은 자제해야 한다. 정 없으면 범정부적인 컨트롤타워라도 주장해 보는 것이 어떨까.
④ **묘사는 안 된다.** : 마무리에 쓸 것 없다는 핑계로, 현장 이야기랍시고 묘사를 쓰는 수험생들이 있다. 안 된다. 이건 논술이다.

필사와 암기에 대한 편견

논술 공부를 할 때 필사와 암기에 대한 잘못된 인식과 그릇된 습관 때문에 수험 기간을 늘리는(?) 경우가 적지 않다. 특히 어떤 학교에서는 잘못된 공부법을 마치 '금과옥조(金科玉條)'처럼 알리는 선배도 있었다.

그 중에서 가장 잘못된 공부법이 몇 가지 주제별로 본인의 '필승' 답안을 적어 놓고, 논술 주제에 따라 억지로 끼워 맞춰서 쓰는 방식이다. 실제로 지금도 수험 현장에서 쉽게 발견되는 오류다. 10년 전에 일부 수험생들 사이에서도 현직에 진출한 선배 귀띔이라면서 이런 방식을 답습했던 친구들이 있었는데, 아직까지 이런 습관이 만연하다니 가슴이 아프다. 자신이 스터디그룹에서 이전에 써 놓았던 논지를 재탕해서, 서론 정도만 바꿔서 가공해 답안을 작성하면 이걸 논설위원 내지는 20년 차 전후의 언론인 심사위원이 읽어봤을 때 모를 것이라 생각하나. 당장 일선 기자들이 보내온 기사만 봐도 취재 과정을 단번에 떠올리는 현직 언론사 부장, 차장들의 경륜을 무시하는 접근법이 아닐 수 없다.

물론, 그 선배는 '잘 녹여 쓰라'는 말을 했던 것일지도 모른다. 실제로 기자를 해 보면, 녹여 쓰라는 말을 많이 듣는다. 어떤 두 기사를 한 피스로 합칠 때, 두 기사의 주요 내용을 적절히 배합해서 쓰라는 이야기다. 하지만 이는 엄연히 거의 새로 쓰는 작업이나 다름없다. 숙련된 중견 기자 입장에서야 취재만 잘 되어 있으면 소위 '리라이팅(re-writing)'은 아무 것도 아닐 수 있겠지만, 수험생에게는 이야기가 다르다. 내가 습작했다가 호평받았던 답안을 달달 외웠다가, 생뚱맞은 주제에 억지로 연결시켜 필기에서 탈락하는 참사가 발생하게 되는 것이다.

소위 사설과 칼럼을 필사하라는 것에 대해서도 잘못된 인식이 있다. 신문의 칼럼이나 사설을 필사할 경우, 그 문체를 그대로 답습하게 된다는 논리다. 하지만 필사는 단순히 베껴쓰는 것이 아니다. 기본적으로 사설이나 칼럼을 그대로 손으로 베껴 쓰고, 자신의 글로 재작성해 보는 것이 진정한 필사다. 기자들끼리 말하는 '우라까이(베껴 쓰기)'와 같겠다. 또한 요즘의 언론고시생은 신문을 너무 읽지 않는다. 이 때문에 주된 이슈에 대해서 파악이 되지 않는 경우가 종종 보인다. 사회 이슈를 편식하는 것이 아니라 고르게 파악하기 위해서라도 매일 종이신문은 정독하는 것이 수험 목적상 좋다.

또한 오늘날 언론고시생 중 상당수는 기본적인 글 실력이 되어 있지 않기 때문에, 본인의 실력이 좀 떨어진다 싶은 사람은 칼럼이나 사설의 논리를 좇아 연습해도 된다. 아무리 수험생이 뛰어나다고 해도, 1시간 만에 현장에서 쓴 답안이 논설위원이 하루 종일 고민해 신문에 낸 사설보다 좋기는 매우 어렵다.

그 외에 생각해 봐야 할 것들

사실 논술의 왕도를 단 몇 페이지로 설명하는 것은 어렵다. 시중의 대입 논술, 공기업 대비 논술 서적만 봐도 글 작성법에 대해서만 수십~수백 페이지의 사례를 들어가며 열거해 놨다. 하지만 본 서적은 언론고시, 그것도 어느 정도 수준이 잡혀있는데 자꾸 필기시험이나 최종합격에서 '아쉽게' 떨어지는 독자들까지 커버할 수 있는 연습서의 형태로 발간하려는 것이기 때문에, 팁 위주로 구성했다.

언론고시생들을 멘토링하면서 느꼈던 그 외 논술 팁에 대해 소개하면 다음과 같다. 질문을 던져 보며, 스스로 반문해 보자.

① **감정적 비난을 하는 것은 아닌가.**
  정부에 대해 비판적인 의식이 강한 수험생들에게 자주 하는 말이다. 논술의 주제가 주로 정부에 대한 비판으로 승화되는 것은 아닐까. 정부 비판을 하지 말라는 것이 아니라, 다른 주제도 써봐야 한다는 이야기다.

② **특정 인물에 대한 글이 많지 않은가.**
  결론이 'ㅇㅇㅇ의 진심', 'ㅇㅇㅇ는 잘못됐다.' 등으로 가는가. 그 인물이 늘 같은 사람은 아닌가. 그렇다면 당신의 시사뉴스 인식의 폭이 좁은 것일지도 모른다.

③ **착한 글이라는 말을 듣지 않는가.**
  글이 선명하지 못하고, 애매하다는 비판을 받을 수 있다. 독하게 써보는 연습을 하자.

④ 신문방송학 지식을 뽐내려는 것인가.

　신방과 교재처럼 논술을 써오는 수험생이 적지 않다. 설명을 하는 것이 아니라, 논증과 반박, 대안 제시를 하는 것이 논술의 목적이라는 점을 잊지 말자.

⑤ 현장 냄새라면서 자신의 경험을 쓰고 있나.

　학보사 경험 좀 쓰지 말자. 대외활동 때 에피소드도 쓰지 말자. 당장 당신의 경쟁자 중 일부는 팔레스타인 시위를 취재하고 왔을 수도 있다. 논술은 취재일기가 아니다. 책에서 읽은 에피소드를 현장감 있는 것처럼 쓰는 것도 권하지는 않는다.

⑥ 현학적으로 쓰는 것은 아닌가.

　현학적으로 쓰는 것이 필요할 때도 있다. 하지만 항상 자신의 지식을 드러내려고 하는 것은 아닌지 반문해 보자.

⑦ 논문 수준의 엄밀함을 요구하느라 글의 '각'이 안 나오지 않나.

　논술은 주장하는 글이다. 또한 필기시험에서의 논술은 시험장에서 자신의 생각을 쓰는 '수험 답안'이다. 엄밀성 때문에 자신의 주장을 제대로 펴지 못해서 '논지가 선명하지 않다'는 평을 받는 것보다는 낫다.

⑧ 결론이 없지 않나.

　수험 논술에서는 결론이 없으면 자신의 생각이 없는 것처럼 보인다. 또한 언론사 수험 논술에서는 한 번에 100장이 넘는 답안지를 심사위원이 모아서 평가해야 한다는 점을 기억하자. 자신의 독창적 의견을 돋보이게 하는 것이 답안의 목적이므로 결론 없이 양비론으로 끝내는 답안은 지양하도록 하자.

PART 2

논술 기출 분석

KBS

MBC

SBS

조선일보 · TV조선

중앙일보 · JTBC

동아일보 · 채널A

매일경제 · MBN

한국경제 · 한국경제TV

한겨레신문

경향신문

그 외에 생각해 봐야 할 기출 논제들

PART 2

논술 기출 분석

　이번 파트에서는 주요 언론사들의 기출 문제를 중심으로 출제 경향을 분석하고, 앞으로의 출제 가능성에 대해서 알아보기로 한다.

　물론 기출 문제는 인터넷 게시판에 나온 기출 문제 복원글들과 실제 응시자들과의 인터뷰, 합격자들의 체감 난이도 소감 등을 종합해 옮겨놓은 것으로, 실제 문제와는 다소 차이가 있을 수 있다. 하지만 정확한 복원보다는 '뭐가 나왔을지' 그 추세만 보더라도 준비 과정에는 별 지장이 없을 것으로 보인다.

　시간상의 제약과 한정된 지면으로 모든 언론사의 출제 경향을 다 싣지는 못했다. 하지만 빠져 있는 언론사에 대해 수록을 원하는 독자들이 있다면, 개정판 등에서 최대한 반영해 보려고 한다.

　또한 이 출제 경향은 전적으로 사견(私見)이다. 평소 필자가 멘토링하던 대학생들에게 출제 경향에 대해 손쉽게 '톡 까놓고' 이야기하던 것들을 글로 정리한 것이기도 하다. 수험생들은 취사선택(取捨選擇)하기를 바란다.

KBS

KBS가 공영방송에 대한 소양을 논술에서 집중 출제하기 시작한 것은 2005년부터다. 이전까지는 '정부의 골프장 200곳 신규 개발 정책에 대한 본인의 의견을 정하고, 반대 의견을 반박하라.' 등 기존의 신문·방송사 논술과 유사한 형태도 꽤 많이 출제되었다. 조선일보처럼 개념적인 단어 하나를 제시하고 자유롭게 논술하라는 주제도 있었다. '직관에 대해 논하라.' 같은 문제가 그렇다.

하지만 2000년대 중반부터 지금까지 약 20년간은 '공영성'이라는 포인트로 꾸준히 출제가 됐다. 지금은 폐지됐지만 2010년을 전후해 도입된 방송학개론 시험과 맞물려 수험생들의 눈길을 사로잡았던 문제들이다.

물론 같은 공영방송이라고 해서 세부 주제까지 대동소이했던 것은 아니다. 2000년대 중후반에는 '방송이란 무엇인가'에 대한 고민을 담은 문제가 많았다. 2006년은 "방송은 산업인가?"라는 물음을 던지고 방송 환경의 변화를 분석하고, 비판적으로 논술하는 문제가 출제됐다.

2007년에는 "디테일의 법칙"을 예로 들며 방송에의 시사점을 쓰라고 했다. 디테일의 법칙은 중국의 유명 경영컨설턴트 왕중추(汪中求)가 제시한 개념으로, 100-1=0, 100+1=200이 될 수 있는 사소한 디테일이 경영학적 승부를 가를 수 있다는 내용이다. 방송에 있어서 디테일에 집착하는 드라마 PD들과, 단 한 점의 의심도 없도록 취재하는 기자들의 태도를 떠올려 볼 수 있는 대목이기도 하다.

2010년대에 들어서부터는 대형사건 보도에 관한 공영방송의 태도 문제가 꾸준히 출제됐다. 흉악 범죄 등 대형 사건사고가 많이 발생한 탓이기도 하다. 2010년에는 "조두순 사건 등 범죄보도에 대한 KBS의 가이드라인을 제시하고, 유사한 범죄를 막기 위한 대안을 쓰라."라고 했다. 2011년에는 "대형 사건 사고 발생 시 보도의 문제점과 지양해야 할 점은 무엇인지 예를 들어 논하고, 바람직한 공영방송 보도는 무엇인지 저널리스트의 관점에서 서술하라."라는 문제가 나왔다. 2012년에는 "학교폭력에 대한 언론매체들의 보도를 비판하고 KBS의 대안을 제시하라."라는 문제가 출제됐다.

2006년에는 "개똥녀 사건을 보도해야 하는가?" 같이 비슷한 맥락이지만 다소 단순한 문장으로 출제가 됐다면, 오늘날은 '이 사건을 공영방송이 어떻게 보도해야 하는가'라는 개념으로 바뀐 것이다.

2013년 들어서 다시 한번 변화가 있었다. 2013년에는 "〈KBS 뉴스9〉에는 최근 10년간 여러가지 코너가 새로 생겼다. 이를 아는 대로 쓰고, 그 코너들의 형식과 특징을 간략히 서술하라. 변화된 〈KBS 뉴스9〉의 장단점을 뉴스 생산자 측면과 뉴스 수용자 측면에서 논하라."라는 문제가 나왔다.

2005년 출제됐던 "뉴미디어 다매체 시대에 탐사보도가 갖는 의미를 논하라."와 비슷한 맥락이지만, 이전의 문제에 비해 한발 더 나아가, KBS의 보도 프로그램에 대한 소양과 공영방송 기자로서 언론관을 동시에 묻는 방식이다.

2005년 당시 KBS 탐사보도팀은 3개월간 일본 국립 공문서관에 보관돼 있는 일본 내각 상훈국의 서훈 재가 문서 1,000여 건을 분석하여, 일제로부터 훈장을 받은 한국인 3,300명의 명단을 확보했다. 고종과 순종, 이완용 등이 있었다. 이는 당시 KBS 1TV 〈KBS 스페셜〉에서 보도되며 국민의 공분을 일으켰다. 지금은 많이 쓰고 있는 CAR(컴퓨터 활용 취재·Computer Assisted Reporting) 기법을 활용한 본격 탐사기획보도로 꼽힌다.

이런 문제의 경우 최근 1~2년 동안 KBS 보도국이 〈KBS 뉴스9〉 등 주요 보도 프로그램에서 해왔던 시도에 대해 잘 알고, 문제의식을 공유하지 않는다면 고득점을 받기가 어렵다.

최근 KBS는 자사의 현안과 관련한 문제를 출제하고 있는 추세다. 라디오 PD 직군에서는 2014년에 "팟캐스트 등이 부상하는 상황에서 KBS 라디오의 경쟁력 강화 방안을 논하라.", 2015년에 "방송통신위원회의 라디오 이용행태 조사 그래프 등을 보고, 미래의 라디오 이용행태 전망을 예측하고 콘텐츠 경쟁력 제고 방안을 논하라."라는 문제가 나왔다. 올드 미디어 중에서도 최고봉 격인 라디오의 불안감에 대한 고민을 담은 문제다.

2015년 TV PD 직군에서 나온 "일상생활 중 조합을 통해 만들어진 창조적인 것을 소개하고, 다양한 콘텐츠를 조합해 TV프로그램의 경쟁력을 강화할 방안을 논하라."라는 문제도 눈여겨볼 만하다. 이와 관련해서는 MCN(멀티채널네트워크)과 MBC 〈마이리틀텔레비전〉 같은 프로그램에 대해 고민해 봤어야 하겠다.

기자직군은 현안에 대한 논제 위주였다. 2014년에는 선거구 제도 개편에 대한 자신의 견해를, 2015년에는 로봇 저널리즘 시대에 기자의 사회적 역할과 가치를 묻는 문제가 출제됐다. 앞으로도 모바일 시대 저널리스트의 역할이나 올드 미디어가 사라지는 변혁기의 공영방송 뉴스의 나아갈 길 같은 주제는 꾸준히 나올 것으로 보인다.

아나운서 직군에서는 꾸준히 '아나운서의 역할과 정체성'에 대한 문제가 주를 이뤘다. 2014년에는 "시사·토론 프로그램에 오락적 요소를 가미하는 것에 대한 견해를 논하라."라는 문제, 2015년에는 "스포츠 대담 프로그램에서 아나운서 진행자가 2인인 경우 그 역할을 정하고, 진행전략을 아나운서의 정체성에 기반해 논하라."라는 문제가 나왔다. 둘 다 평소에 진행에 대해 눈여겨보고 또 생각을 하지 않았다면 쓰기 어려운 문제였다. 평소에 스펙 관리 등을 위해 방송 진행을 하면서 고민을 했던 수험생들이라면 오히려 쓰기 쉬웠을 것 같다.

2년 만에 치러진 2017년도 KBS 신입사원 채용에서도 논술은 비슷한 궤를 유지했다. 직종별로 다르지만 우선 '공영방송과 공영방송인으로서의 역할'에 대한 고민이 눈에 띄었다. 기존의 문제스타일과 비슷하지만 어금니 아빠 이영학 보도에 대한 기존 언론의 문제점을 지적하고, 공영방송 KBS의 역할에 대해 논하라는 문제가 그랬다. 대하사극이 줄어드는 상황에서 공영방송의 고민을 담은 문제는 또 어떠한가. 혐오표현에 대한 공영방송의 역할도 그렇다.

특이하게 이때 아나운서 직군에서만 '가즈아', '욜로' 등 신조어로 본 2017년 대한민국을 논하라는 문제가 나왔다. 2014년 JTBC 아나운서 필기 시험의 문제와 비슷한 점이 있었다.

2018년에는 기자의 자격을 의사나 변호사처럼 면허화해야 한다는 의견에 대한 자신의 주장을 논하는 문제와, 뉴스 콘텐츠 소비에 대한 자신의 분석을 바탕으로 공영방송이 추구해야 할 가치를 논하는 문제 등이 있었다.

앞으로의 준비방향

KBS는 위기다. 무엇보다 수신료 분리징수가 가장 큰 문제다. 그럴수록 수험 목적에서 수신료의 중요성은 더더욱 커질 수밖에 없다. KBS의 존립과도 관련된 문제가 아닐 수 없다. 수신료에 대해서는 각종 최신 논문이나 기사를 검색해 스터디 그룹에서 분기별로 한 회씩 공유하기를 권한다.

공영방송의 독립성과 공영성은 기존에도 중요했지만, 작금의 현실에서 더욱 중요한 화두가 아닐 수 없다. KBS의 독립성 논란과 정치권의 공방은 정권을 막론하고 꾸준히 제기돼 왔다. 또한 KBS 이사회의 구조 개편 논의와 논점, 수험생 자신이 생각하는 올바른 지배구조에 대한 정리는 필수적이다. BBC나 NHK, NPR 등 해외 유수 공영방송의 지배구조에 대한 학자들의 보고서와 논문, 칼럼이 많으니 일독을 권한다.

뉴미디어 역시 빼놓을 수 없는 키워드다. TV를 보는 사람들이 점차 줄어들고, 뉴미디어를 통해 접하는 인구는 늘어나고 있다. OTT 등 경쟁 플랫폼의 자금력과 콘텐츠 파워도 막대하다. 당장 올림픽이나 월드컵이 공영방송에서 중계되지 않는다 해도 이상하지 않은 시대다. 유튜브 등을 중심으로 선정성과 가짜뉴스 등이 꾸준히 문제가 되고 있다. 이런 환경에서 공영방송만의 역할은 무엇인지, 해외 사례는 어떤지 등을 꾸준히 공부해 두어야 할 것이다.

> **써봐야 할 주제**
>
> - 공영방송의 팩트체크는 다른 언론사와 어떻게 달라야 하나?
> - 공영방송의 바람직한 지배구조와 독립성 확보 방안에 대해 논하라.
> - 현재의 중동 정세를 KBS는 어떻게 보도해야 하나.
> - 인터넷에서 화제가 되는 영상을 방송에 사용하기 위한 검증에 대해 자신의 의견을 쓰라.
> - 정치인 중 다큐멘터리로 만들고 싶은 인물을 하나 정하고, 어떻게 다룰지 쓰라.
> - 현재 돌고 있는 유력 정치인 관련 의혹 영상이 딥페이크라는 제보가 들어왔다. 인터넷 커뮤니티에서는 댓글이 1만 개를 넘어섰다. KBS는 이 사안을 어떻게 보도할 수 있을까.
> - 공영방송의 공정성, 공적책임, 공익성이란 무엇인가?
> - 수신료의 가치에 대해 논하라.

MBC

MBC 하면 작문 주제 '강남역 6번 출구'를 떠올리는 현직 언론인들이 많다. 작문 출제였지만, 당시 가장 핫한 장소로 떠오르던 강남역 6번 출구(현재는 11번 출구)를 나섰다는 문장으로 작문을 완성하라는 점에서 수험생들에게 신선한 충격을 줬다.

MBC 역시 공영방송이지만 KBS와는 사뭇 다르다. KBS가 엄숙한 스탠스로 공영방송의 역할을 주로 출제한다면, MBC는 다소 톡톡 튀는 시각의 문제들을 출제하기도 한다.

2007~2010년까지는 다소 정형화된 사회학적 분석 문제를 출제했다. 2007년에는 "인구학적 변화(고령화, 출산율 감소, 외국인 이주자 증가 등)에 따른 사회 갈등을 분석하고, 이에 대한 대안을 제시하라."라는 문제가 출제됐다. 2008년에는 "베이징올림픽에서 나타난 반한(혐한) 감정의 원인을 분석하고, 해결책을 제시하라."라는 문제가 나왔다.

2007~2010년에는 실무능력평가라는 이름으로 약술 문제가 출제되기도 했다. 2013년에는 다시 상식으로 회귀했으나, 언제든 실무능력평가 형태로 다시 출제될 가능성을 배제할 수 없다. 실무능력평가 기출 중에서는 기사 작성과 기획안 구성을 음미해야 한다. 2007년 "보이스 피싱과 관련해 '현장출동' 형식의 기획안을 쓰라."라는 문제가 그렇다. 2006년 실무평가 당시 "짝퉁"이라는 주제를 주고 시사매거진 2580팀을 위한 기획안을 쓰라는 문제가 나왔던 것을 떠올릴 수 있다.

또한 스트레이트 기사 쓰기와 앵커 멘트 작성과 같은 '기본기'도 챙겨놓을 필요가 있다. 어차피 리포트 작성, 방송 스트레이트 쓰기, 앵커 멘트 작성 등은 실무평가에서 시험을 볼 과목들이기 때문에 평소에 관심을 갖고 한 편씩 습작해 보는 것이 좋다. 이때 중요한 것은, 기사를 읽으면서 어떤 영상을 넣을 수 있을지 생각해 보는 것이다. 영상에 대한 고민이 없는 방송 리포트 기사는 자칫 라디오 리포트처럼 읽힐 수 있다.

2010년, 2013년에는 디지털이라는 키워드가 접목된 문제가 출제됐다. 2011~2012년에는 신입공채가 없었다. 2010년에는 "기업들이 요즘 '스마트 워킹'을 도입하고 있는데, 스마트 워킹 도입으로 인한 사회적·경제적 파급 효과와 부작용에 대해 논하라."라는 문제가 출제됐다.

2013년에는 "빅데이터의 개념에 대해 쓰고, 이를 뉴스와 시사 프로그램에서 활용할 방안을 쓰라."라는 문제가 나왔다. 고 박원순 전 서울시장의 주요 업적으로 꼽히는 심야 올빼미 버스의 노선을 정하는 과정에서 휴대전화 사용 패턴 분석이 쓰였다. 이를 CAR(컴퓨터 활용 취재) 등의 기법과 연관해 선거보도, 여론조사, 사회분석, 탐사보도 등의 영역에서 쓸 수 있는 방법을 제시한다면 좋은 점수를 얻을 수 있을 것이다.

기자협회보[2]에 따르면, MBC는 2020년에는 고 박원순 전 서울시장을 성추행 혐의로 고소한 피해자의 호칭으로 '피해호소인'과 '피해자' 중 어떤 단어가 적절하냐고 생각하느냐는 필기시험 문제를 출제했다가 재시험을 치르기도 했다. 2019년에는 사법부의 판단을 언론은 어떻게 보도해야 하느냐에 대한 주제가 출제된 바 있다.

---

[2] "MBC, 논술시험 논란에 '깊이 사과…재시험 치를 것'", 기자협회보 2020.9.14. (최승영 기자) 인용

앞으로의 준비방향

앞으로 MBC에서는 공영방송의 미래 롤모델과 어떤 보도가 올바른지 등에 관한 문제가 출제될 가능성을 조심스럽게 예측해 본다. 오늘날 전 세계 공영방송은 BBC 등 극히 일부를 제외하고는 확고한 입지가 없다고 해도 과언이 아닐 것이다. KBS는 그동안 수신료 현실화를 위해 국민적 설득을 해왔지만, 오히려 수신료 분리징수라는 암초를 만나 수신료 수입이 줄어드는 위기에 처했다. 또한 주식회사의 형태를 갖추고 있으면서 공적 지배구조인 MBC의 경우에도 고민이 많을 것이다. 따라서 MBC만의 공영방송론을 지원자 스스로가 제시하는 훈련을 권한다.

또한 2019년 문제처럼 각종 현안에 대해 '공영방송 MBC는 어떻게 보도해야 하는가'에 대해서 평소 논술 연습을 해보기를 권한다. 예컨대 미국 대선 결과가 한국의 안보나 공급망 상황에 미칠 영향은 무엇인가. MBC는 이스라엘-팔레스타인 전쟁은 어떻게 보도하는 것이 올바른가. 한일 관계의 올바른 방향은 무엇이고, MBC는 이를 어떻게 보도할 수 있을까. 평소의 연습이 중요한 대목이다.

또 최근 몇 년 MBC는 국제정세와 사회문제에 대한 자신의 논리를 묻는 문제를 서술했다. 국제정세가 혼란스러우니 이와 관련한 다이제스트 및 한국에 주는 영향을 노트에 정리하는 습관을 권장한다.

> **써봐야 할 주제**
> - 언론 보도에서 성폭력 피해자에 대한 2차 가해를 막을 수 있는 방안을 논하라.
> - 팔레스타인 무장단체 하마스는 수많은 이스라엘인을 납치하고 살해했다. 이번 이스라엘-팔레스타인 전쟁의 시발점도 하마스의 공격이었다. 하지만 주한 이란 대사는 팔레스타인이 이스라엘에 의해 억압받아왔다고 지적하며 다른 입장을 제시했다. 시사교양PD로서 프로그램을 만들어야 한다면 어떻게 할 것인가.
> - 미국의 기준금리 인하가 한국 경제에 미칠 영향을 논하라.
> - 선거 때마다 지상파 3사의 공동 출구조사 결과가 인터넷에서 많이 인용된다. 지상파의 오리지널리티를 지킬 방안은?
> - 내가 생각하는 '좋은 친구 MBC'에 대해서 논하라.

SBS

SBS는 시사 핫 이슈에 맞춰 기본기에 충실한 문제를 내왔다. 2000년대 초반에도 신방과 리포트 같은 문제를 출제했었다. 2003년 아나운서직 논술에서는 "차에 대한 자신의 생각을 자유롭게 서술하라."라고 나왔다. 차는 Tea, Car 등 자신이 알아서 쓸 수 있었다. 2003년 기자직 논술에서는 "여중생 사망 사건 이후 촛불 시위와 반전(反戰) 여론의 파장을 설명하고, 이를 평가하라."라는 문제가 나왔다고 한다.

하지만 문제가 평이할수록 쓰기는 어렵다. 특히나 차별화해서 써야 한다는 점을 감안한다면 그렇다. 차에 대한 문제를 다시 생각해 본다면, 상당수는 자동차의 이야기를 우화처럼 엮어서 정치 현실에 빗대어볼 것이다. 어떤 학생들은 다도와 문화에 대해서 쓸 수도 있다. 자동차 사고, 자동차 수입, 자동차 하청업체들의 현실 등 다양해 보이지만, 남들도 같이 쓸 법한 주제들만 떠오른다. 이런 상황에서 나만의 각을 세워 답안지를 쓰는 것은 쉽지만은 않은 일이다.

2000년대 중후반까지도 평이한 문제가 나왔다. 2006년 "우리의 국민성을 두고 '냄비근성'이라는 지적이 있는데, 이에 대한 생각을 논하라." 같은 문제들이 그렇다. 2004년 PD직 논술 문제로 출제된 "한국 대중문화가 안고 있는 스타시스템의 순·역기능을 논하라."라는 문제 역시 2000년대 들어 스타와 연예기획사 간 분쟁 문제가 대중문화계의 주된 이슈였다는 점을 생각하면 그리 어렵지 않다. 2007년 출제된 "취재 선진화 방안에 대해 언론의 자유와 국민의 알 권리 측면에서 논하라."라는 문제 역시 당시 참여정부의 취재 선진화 방안과 기자실 폐쇄 등이 언론에 회자되고 있었기 때문에 쓰기가 어렵지 않았을 것이다.

트렌드가 약간 바뀌게 된 것은 2008년부터다. 2008년에는 사진기자 케빈 카터의 사진이 출제됐다. 굶주림에 지친 수단 소녀를 지켜보고 있는 독수리를 찍은 사진이다. 언론에 관심이 있는 학생이라면 누구나 아는 사진이다. 사진과 함께 "알 권리와 인간적 가치가 충돌할 경우, 당신은 방송기자로서 어떤 선택을 해야 하는지 구체적으로 논술하라."라는 문제가 출제됐다. 생방송 등으로 순간의 판단이 중요한 방송기자인 동시에, 한 사람의 인간으로서 고뇌를 어떻게 논술문으로 구성할 수 있느냐는 것이다.

2010년 역시 방송기자로서의 소신 또는 판단력을 측정하는 문제가 나왔다. 어린이집에 설치한 CCTV를 IPTV로 생중계하는 것에 대해, 아파트 반상회의 30~40대 전업 주부들이 SBS 기자인 수험생 본인에게 자문을 구한다면 어떻게 말할 것인지를 1,200자 내외로 쓰라는 문제가 나왔다.

2012~2014년에는 다시 옛날 필기 유형으로 회귀했다. 2012년에는 통합진보당 내분 사태에 대한 자신의 의견과 한국 정치에 미칠 영향을 분석하라는 문제가 나왔다. 2013년에는 세종시 체제 이후 비효율성과 공무원의 삶의 질 등 제기되는 문제에 대한 분석과 해결 방안을 쓰라는 문제가 나왔다. 2014년에는 담뱃세·주민세 등 인상으로 '증세 없는 복지'에 대한 논란을 언급하며, 합리적 정부 재원 마련에 대한 대안을 묻는 문제가 출제됐다.

2015년 들어서는 뉴미디어 관련 논제가 나와 눈길을 끌었다. 포털 사이트의 편향성 논란과 관련한 새누리당과 새정치연합의 주장을 소개하고, 이에 대한 수험생의 입장을 논하라는 문제였다. 이는 평소 미디어 이슈에 대해서 조금만 관심이 있다면 크게 어려운 문제는 아니겠다. 2016년에 나온 '홍대 앞에 전시된 일베 상징 손가락 조형물에 대해 표현의 자유를 인정해야 하는지 제한해야 하는지, 본인의 의견을 논리적으로 서술하라.'라는 논제 역시 2015년의 연장선상에서 같이 대비가 가능하겠다. 사실 일베 문제에서 수험 목적상 더 중요한 포인트는, 일베 회원들이 만든 가짜 로고에 대한 제작상 방지 방법과 관련된 본인의 아이디어나 대안이 아닐까 싶기도 하다.

2017년 논술 역시 2010년과 비슷한 느낌이었다. 다만 이전에는 본인의 입장만을 물어봤다면, 이번에는 기자로서 접할 수 있는 윤리적 상황을 제시하고 이에 대한 입장을 정하라는 것이 조금 달랐다. 2가지 사례가 나왔다. 하나는 사기죄로 쫓기는 사람을 만난 기자가 그 피의자를 경찰에 신고하고 그 과정을 보도하는 것이었다. 다른 한 가지 사례는 살인혐의로 수배돼 해외 도피중인 사람을 만났지만 경찰에 신고하지 않은 기자의 상황이다. 정답은 없으니 논리적으로 자신의 입장을 쓰면 되겠다.

또 SBS는 뉴미디어나 최신 기술 트렌드와 관련한 문제를 종종 출제한다. 2023년 AI와 기자 논제가 그렇다. 이런 문제와 관련해서는 해외 다큐나 뉴스 영상 등을 꾸준히 보기를 권한다. 세계는 우리의 뉴스룸 환경보다 빠르게 신기술을 접목하고 있다.

앞으로의 준비방향

앞으로의 출제 방향 역시 3가지 유형 중 하나가 될 것이라고 조심스럽게 예측해 본다. 수험생 본인의 판단력을 확인하는 문제, 예컨대 어떤 사안이 있을 때 찬반 여부를 정하고 구체적으로 논술하라는 문제, 또는 정치·사회 제반 이슈에 대한 본인의 의견을 논술하는 문제 등 2가지 기출 유형은 여전히 유효하다. 그 외에 지상파로서 SBS의 보도 공정성이나 각종 언론단체의 보도준칙에 대한 입장 또는 소양을 물어보지 않을까 싶다. 지상파 SBS의 기자가 되고자 하는 수험생으로서 혐오표현이나 소수자 인권에 대해 평소 고민이 필요한 대목이다.

필기시험 합격자 수로 본다면, SBS는 타 방송사에 비해 필기시험 통과에 약간은 후한 편이다. 필자의 기억으로는 많게는 120명 이상을 필기시험에서 합격시키는 경우도 있었다. 2013년 필기시험에서는 108명이 통과했다. 같은 해 KBS와 MBC 모두 필기 통과자가 30명이었다는 점을 감안한다면 비교가 될 것이다. 필기시험에서 아깝게 떨어지는 인재들에게 기회를 더 주고, 실기시험 및 실무평가에서 최선의 실력을 보여주기를 바라는 의도로 해석될 수 있겠다.

현직 언론인의 입장에서 〈SBS 뉴스8〉은 정말 재밌다. 포맷도 새롭고 취재도 깊이가 있다. 꾸준한 혁신과 변화를 꾀하고 있다는 점 역시 매번 선거나 이슈가 터졌을 때마다 확인해 볼 수 있다. 수험생들은 SBS 뉴스 포맷 그 자체, 또는 SBS의 뉴스가 갖고 있는 장점 등에 대해서도 생각해 봐야 하겠다. 논술에 자신의 대안이 들어가야 하는 것은 당연하다. 물론 지금 잘하고 있는 방송사에 대안을 제시한다는 것이 수험생의 입장에서 쉽지는 않겠지만.

써봐야 할 주제

- 당신이 SBS 보도국장이 된다면 어떤 뉴스 서비스를 만들고 싶나.
- 성폭력·성희롱 사건보도 실천요강에 대해 아는대로 서술하고, 바람직한 보도 방향에 대해 논하라.
- 2020년 언론단체들은 '혐오표현 반대 미디어 실천 선언'을 채택했다. 얼마나 잘 지켜지고 있다고 보나.
- 47년 만에 지상파 중간광고가 허용된다. 이에 대한 입장을 논하라.
- 보도국에서 〈흑백요리사〉 같은 프로그램을 만든다면 무엇이 좋을까. 자유롭게 기획하라.
- SPJ의 〈Code of Ethics〉를 읽고, AI시대 SBS에 맞는 윤리강령을 작성하라.
- AI가 생성한 콘텐츠를 SBS 보도에 사용할 수 있나. 그렇다면 그 방법은 무엇인가.
- 정보공개청구와 '의원실발 기사'에 대해 논하라.

조선일보 · TV조선

2000년대 중반까지만 하더라도 조선일보는 논술 없이 작문만 보는 경우가 대부분이었다. 작문의 수준은 난해하면서도 시의성이 있었다. '화해' 같은 주제를 주고 자유롭게 쓰도록 했다. 논술 스타일로 쓰는 사람은 논술처럼, 칼럼 스타일은 칼럼대로, 단편소설 형식의 작문을 쓰는 사람은 나름의 스타일로 썼다.

2006년 하반기 수습기자 공채에서부터 논술이 본격 도입됐다. 그 유명한 "중국의 부상과 미·일 신협력의 시대에서, 대한민국의 국운을 어떻게 개척할 것인가. 독립과 번영의 대책을 논하라."였다. 많은 사람이 용미(用美)론에 대해서 이야기했다는 말이 전해진다. 지금 봐도 참 시대를 앞서나간 문제였다. 여전히 유효한 주제고 출제가능성이 높다. 수험생들은 대한민국의 외교와 주요 현안에 대한 본인의 입장을 정리해 두는 습관을 들여야 하겠다.

2007년 이후에는 개념어를 제시하는 철학적·사회학적 문제가 주로 출제됐다. 2007년 출제된 "위선(僞善)과 위악(僞惡)", 2008년의 "촛불의 정치학과 촛불의 경제학" 등이 개념어를 사용한 철학적·사회학적 문제 유형이다. 이 유형을 고도화시킨 유형은 2012년의 "경쟁과 협력은 모순관계인가, 표리관계인가?", 2013년의 "권력과 권위는 상호의존관계인가, 상호배척관계인가?" 등이 있다. 오히려 쓰는 사람 입장에서는 살짝 쉬워졌다.

2011년 기출 "젊은이의 일할 권리와 노인의 사회 보장 받을 권리가 충돌하면 어떻게 할 것인가?" 같은 양자택일성 문제도 눈에 띈다. 2017년 출제된 북핵에 대응해 미국이 전술핵을 재배치하는 것에 대한 찬성/반대 입장을 논하라는 문제 역시 비슷한 맥락이다.

2010년 유형인 "우리는 얼마나 정의로울 수 있는가?"도 음미해 볼 필요가 있다. '내가 걸어온 길을 돌아보며'라는 제약 조건과 함께 나왔다. 이 책에도 수록했지만 "당신은 한국 교육 제도의 승자인가?" 같은 예상문제를 써보면서 현 사회체제와 나 자신의 성장 과정을 곱씹어 보는 논술 연습이 필요하다.

TV조선에서는 "안철수 현상의 원인을 분석하고 대통령으로서 적합한지 논하라.", "통합진보당 종북 논란에 대해 논하라." 등이 나왔다.

인턴기자 필기시험에서의 변화도 눈여겨봐야 할 대목이다. 2012년 겨울 인턴십 필기시험에서는 "中 어선 단속하다 숨진 故이청호 경사 딸 지원양, 1주기 추모비 제막식서 '아빠에게 드리는 편지'"라는 기사를 읽고, 자신의 느낌과 중국 어선들의 불법 조업에 대한 견해를 쓰라는 문제가 출제됐다. '태평로', '동서남북' 등 조선일보의 주요 칼럼을 유심히 봤다면 그 느낌을 살려 고득점을 했을 법한 주제다.

TV조선에서는 종편의 미래에 대한 문제도 2번 나왔다. 2012년 공채 필기 시험 중 "종편 뉴스의 차별화 방안을 논하라." 같은 문제나 2013년 겨울 TV조선 인턴십 필기시험 주제 중 "'종합편성채널'의 현재와 미래 또는 'TV조선'의 현재와 미래를 논하라." 등이 그 예가 될 수 있다. 차별화라는 키워드를 생각하면서 스스로 습작해 봐야 하겠다. 2017년에도 TV조선은 'TV조선의 오늘과 내일'이라는 주제를 또 출제했다.

또 조선일보에서는 민주화 유공자 자녀의 대학 특례 입학 논란을 다루거나, 강남좌파를 논제로 내기도 했다. 이외에도 한일갈등이나 신도시 문제에 대해서도 문제가 출제된 바 있다.

또한 조선일보와 TV조선은 인턴기자제를 통한 정규직 선발을 병행하고 있다. 다른 곳의 인턴십에 비해 빡빡하지만, 잘하면 입사의 기회를 잡을 수 있는 만큼 꼼꼼히 챙겨 보자.

앞으로의 준비방향

문재인 정부 당시 날카로운 보도로 정부와 대립하기도 했던 조선일보는 윤석열 정부 들어서도 비판의 수위를 높이고 있다. 박정훈 논설실장의 칼럼 〈윤 대통령은 '보수'인가〉에서는 "김 여사 이슈는 보수의 마지막 보루인 법치의 가치마저 흔들고 있다."라는 비판도 나왔다. 전통적인 보수신문이지만 할 말은 하는 신문이라는 기조에 따른 것으로 풀이된다.

조선일보는 지면 내 칼럼에서도 진정한 보수세력의 발전을 위한 제언이 꽤 보인다. 보수주의자의 입장에서 나라 발전에 대한 제언을 물어보는 듯한 문제가 나올 수도 있다. 이전에 출제된 "우리나라의 정치·경제 상황에 빗대, 우리나라도 포퓰리즘 정책으로 남미 국가들처럼 될 수 있는지 논하라." 같은 문제가 그 예가 될 수 있다. 또한 한미동맹을 기초로 한 외교안보 이슈에 대해서도 꾸준한 스터디와 이슈 정리가 필요하다. 2017년 전술핵 재배치, 2024년 한미 방위비 협상 타결 같은 주제에 대응하기 위해서다.

필자는 조금은 색다른 책을 읽어 보면서 논술 방향을 잡아보는 것도 권한다. 히로카네 겐시의 만화 〈정치 9단〉 같은 책을 읽어 보면서, 언론고시생 물을 좀 빼보는 것도 방법이다. 약간은 다른 독서를 통해 조금은 색다른 글도 나올 수 있으리라 생각한다.

특히 조선일보는 신문을 봐도 문장력이 좋은 칼럼니스트들이 많이 있다. 자신의 글 실력이 부족하다고 생각하는 학생들은 고민을 하면서 퇴고를 꾸준히 하기를 권한다. 또한 조선일보는 타 언론사에 비해 약간은 현학적으로 써도 된다고 생각한다. 논술에서 한자 사용을 많이 하는 것 역시 권한다. 다만, 이제는 고전이 된 '간장 종지' 칼럼을 쓴 기자는 퇴임했다.

TV조선에 지원한다면, 뉴스를 종편 채널에서 어떻게 잘 풀어갈 수 있을지, 그 '전달' 기법에 대한 문제도 생각해 볼 수 있다. 미국 미디어 기업의 인수합병에 대해서도 알아보면 어떨까 싶다. 또한 TV조선이 이끌어 왔던 각종 시사 이슈에 대한 공부도 필요하다.

써봐야 할 주제

- 우리는 '기억이 짧은 나라'인가. 최덕근 영사 사건에 대해 논하라.
- 영부인의 역할
- 한국 정치의 도돌이표
- 임종석 전 비서실장의 '남북 두 국가론'에 대해 논하라.
- 의정갈등

중앙일보 · JTBC

중앙일보는 그동안 약간은 황당해 보일 수 있는 문제를 내면서 수험생이 창의력을 쥐어짜낼 수 있도록 유도했다. 2006년 "10년 뒤 우리의 모습을 3P(Preferable, Possible, Probable)의 관점에서 논하라."라는 문제가 대표적이다. 당시 시험에 응시했던 이에스더 기자는 "머리를 쥐어짜내던 것 외에 별 기억이 없다. 최대한 새롭게 쓰려고 노력했다."라는 짧은 말로 평을 대신했다. 어이없어 보이는 문제도 있다. 2009년 "버려진 루소의 자녀의 입장에서, 아버지에게 보내는 편지를 쓰라."라는 문제도 수험가에 파장을 일으켰다.

중앙일보 하면 '키워드'라는 단어를 빼놓을 수 없다. 4가지 키워드를 묶어서 글을 쓰게 하는 글쓰기 문제 형식을 도입한 언론사이기 때문이다. 2007년 "신정아, 덩샤오핑, 박태환, 나(수험생 본인) 4가지 키워드를 연관 지어서 자유롭게 작문하라."라는 식으로 출제했다. 당시 필기시험에 응시해 최종합격했던 필자는 4명의 개체에 대해 '인터넷 뉴스의 이중성과 뉴스 수용자의 관음증과 댓글, 선정적 보도' 등에 대해서 칼럼 형식으로 작문을 했던 기억이 난다.

하지만 이는 논술 형태로 승화됐다. 애초부터 작문보다는 논술 스타일에 맞는 주제이기도 했다. 2010년에는 "지난 100년의 역사를 거울삼아 대한민국이 안정적 성장을 하면서 국민 모두가 행복하게 살 수 있는 길은 무엇인가? 세계화, 복지, 경제 성장, 통일 등 4가지 키워드를 넣어 논하라."라는 문제가 나왔다.

2011년부터는 중앙일보와 JTBC가 통합 공채로 기자를 선발하기 시작하면서 약간 출제 경향이 바뀌었다. 노르웨이 우퇴위아 섬에서 테러를 자행한 아네르스 베링 브레이비크가 범행 직전 작성한 선언문을 보고 반론을 하라는 문제가 나왔다. 브레이비크는 푸틴과 이명박 대통령을 존경한다고 했고, 당시 국제부 기자였던 필자는 청와대에 코멘트를 요청했으나 출입기자를 통해 "황당하지만 청와대가 일일이 그런 것에 대응할 만큼 한가하지 않다."라고 회신이 왔던 기억이 난다.

2013년에는 다시 2007년 스타일로 문제가 나왔다. "프란치스코 1세, 어나니머스, 마거릿 대처, 우고 차베스, 레미제라블 등 5개의 키워드를 주고, 3가지를 활용해 한국 사회의 문제점을 진단하고 해결 방안을 논하라."라는 문제였다. 그 해에 최종합격한 신진 기자는 "한국 사회에 유머와 여유가 부족하고, 이를 해결하는 게 언론이라는 주제의식을 떠올렸다."라고 밝혔다. 프란치스코 교황은 권위에서 한 발짝 물러난 재치 있는 언변으로 호감을 산 점, 마가렛 대처는 지나치게 독단적이고 여유가 없어 임기 도중 물러났다는 점, 레미제라블의 국내 흥행은 우리 사회가 여전히 한과 울분의 정서를 강하게 갖고 있다는 것과 연관이 있다는 점 등이 포인트였다. 수험생 독자들이 신 기자처럼 톡톡 튀는 멋진 글을 당장 쓸 수는 없겠지만, 꾸준한 훈련으로 자신의 스타일과 글감을 잡는 노력을 해야 한다.

최근에는 논의의 프레임을 잡고 쓰는 문제가 나와 눈길을 끈다. 2015년 "프레임 관점에서 노동시장을 논하라."나 2014년 "최근 벌어진 이슈를 기회 비용의 관점에서 논하라." 같은 문제가 그렇다. 이는 하나의 이슈를 보더라도 프레임에 따라 논리나 근거의 차이를 비교할 수 있어야 접근이 용이하다. 평소 중앙일보에서 연재되는 한겨레와의 공동 사설면을 참고하면서 준비하면 어떨까 싶다.

2017년 중앙일보·JTBC 기자직에서 출제된 논술 문제 역시 기존의 '키워드 4개' 스타일과 다르지 않았다. 병자호란 당사자(척화파, 주화파, 중국 장군, 일반 백성)들이 현재로 돌아올 때 이들의 입장에서 한국 사회를 논하라는 문제였다. '별에서 온 그대' 같은 상상력이 필요하다.

앞으로의 준비방향

최근 몇 년을 돌아보면, 가장 출제 가능성이 높은 논술 스타일은 4개의 키워드를 엮어서 쓰는 문제 형태다. 출제위원에 따라 '신조어들이 갖는 의미에 대해서 논하라.'라는 문제도 생각해 볼 수 있다. 뉴스의 헤드라인을 잘 챙겨보는 것도 중요하다.

2016년 들어 중앙일보·JTBC는 다시 옛날 스타일로 회귀했다. 논술에서는 청탁·알파고·신뢰·영웅·한류·개헌 등의 단어 중 3개를 써서 '한국 사회가 당면한 난제와 해결책'에 대해 논하라는 주제가 나왔다. 다른 전통 스타일인 그림 보고 글쓰기는 작문 영역에서 나왔다.

2000년대 초반 스타일인 격언 한 문장을 제시하고 한국 사회에서의 의미를 논하라는 문제가 출제될 가능성도 있다. 2004년에는 "역사를 해석하려는 열망은 너무도 뿌리 깊은 것이어서, 만일 우리가 과거에 대하여 무엇인가 건설적인 견해를 가지고 있지 않으면 신비주의나 냉소주의에 빠지게 된다."라는 E. H. 카의 〈역사란 무엇인가〉의 한 구절을 인용하며, 이 글이 현대에서 갖는 의미를 쓰라는 문제가 나왔다.

일부 학생들은 중앙일보에 있는 칼럼을 무작정 필사하는 경우도 있다. 필자는 절대 말리고 싶다. 천편일률(千篇一律)로 가는 초석(礎石)이 될 수 있다. 또한 논설위원들의 심오한 필력의 의미를 헤아리지 못하고, 도입부만 꿔다 쓰는 경우가 생길 수도 있다. 또한 일부 외부 필진들의 경우 스타일이 천차만별이기 때문에, 오히려 수험 목적으로 무작정 필사하면 필력이 떨어질 수도 있다. 읽고 감상하는 것도 좋지만, '나라면 어떻게 쓸까.'에 대한 진지한 고민이 필요하다.

하지만 가장 중요한 것은 '확 튀게 글을 쓰는 전략'이라고 할 수 있다. 10여 년 전, 중앙일보 시험 주제로 팝송을 틀어주고 난 뒤 자유롭게 글을 쓰라는 문제가 나왔다는 점을 상기시켜 주고 싶다. 남들과 똑같이 써서는 절대 합격할 수 없다고 생각하자.

수험 현장에서 만나는 많은 학생이 묻는다. 그림이 출제됐을 때에는 그 그림의 맥락을 꼭 알아야 하느냐고 말이다. 이에 대해 한 전직 심사위원에게 물어봤던 적이 있다. 답은 "꼭 알 필요는 없지만, 그 그림 자체로만 보더라도 어느 정도 수긍이 가는 해석이어야 한다."라는 취지였다. 물론 2016년에 출제된 퓰리처상을 받은 베트남전 사진 같은 경우에는 당연히 맥락을 알아야 한다.

> **써봐야 할 주제**
> - 기술 혁신과 디지털 전환이 상설화된 시대에 인간은 어떤 존재이며 역할은 무엇일까. 세종대왕, 카멀라 해리스, 알리 하메네이, 찰스 국왕, 테일러 스위프트, 존 덴버 중 3명을 골라 내용에 포함하라.
> - 비대면 사회의 명과 암
> - 4차 산업혁명 시대에 필요한 교육과 인재
> - 남의 고통과 불행[3]

나머지 한 가지 주제는 모의고사로 수록했다.

동아일보 · 채널A

동아일보·채널A의 필기시험 문제는 다분히 정치적 이슈를 많이 낸다. 작문시험을 항상 함께 보기 때문에, 논술에서는 다소 무거운 정치주제가 나오고, 작문에서는 '당신이 대선후보라고 생각하고, 연설문을 작성하라.'와 같은 약간은 연성화된 주제가 출제되는 것으로 사료된다.

동아일보는 2000년대부터 꾸준히 정치적인 문제를 출제했다. 한국 사회의 맥을 짚는 답안을 써야 할 법한 주제들이다. 2006년 "대한민국에 필요한 지식인상은 무엇인가?"가 그렇다. 2006년에는 지식인들의 논쟁이 활발했다. 소설가 이문열씨가 중앙일보와의 인터뷰에서 "한번 진보라 해서 영원히 진보가 되는 것도 아니다."라고 언급한 것이 여론에 회자가 됐었다. 같은 해 이어령 전

---

[3] "남의 고통과 불행을 소비하는 사회", 중앙일보 2024.09.30 (정현목 문화부장) 인용

문화부장관이 말한 "50년간 글을 썼다는 나도 서울대 논술시험엔 자신이 없다."라는 지적은 당시 논술 문제의 난이도에 대한 토론을 불러일으키기도 했다.

2007년 "대한민국 교육에서 가장 시급하게 해결해야 할 과제는 무엇인가?" 같은 문제 역시 궤를 같이 한다. 그 해에는 수능 9등급제와 내신 상대 평가제가 처음 도입됐다. 한 문제 차이로 등급이 바뀌는 시스템이 도입되면서, 교육 현장은 술렁였다.

2011년에는 아예 "18대 대통령은 어떤 사람이 되어야 할까요?"라는 주제가 나왔다. 이 논제로 논술문을 썼던 김수연 동아일보 기자는 "주제를 받고 당시 대선후보로 거론되던 인물들을 떠올렸다."라고 회상했다. 김 기자는 "크게 4가지 정도 항목을 뽑아 주장을 만들고, 그 이유를 적었다."라면서 "대통령의 자질을 사회, 문화, 경제 등과 연관 지어 큰 시각에서 논할 수도 있었을 텐데, 당시 물망에 오른 사람들의 이미지에 갇혀 답안을 작성했던 부분은 아쉬움으로 남는다."라고 말했다.

2010년에는 종교와 정치, 2011년에는 포퓰리즘 정치의 폐단 등이 출제됐다. 이 역시 정치적 이슈를 출제하는 추세에서 크게 벗어나지 않는 스타일이다. 2012년은 "나의 공지영론"이 출제돼 특이함이 있었다. 소설가 공지영 선생에 대한 자신의 입장을 밝히는 논술 스타일이다.

2013년에는 다시 옛날 스타일로 돌아가 "공짜 점심의 비용"이라는 주제가 나왔다. 무상급식 논란에 대한 비판적인 스탠스를 짐작할 수 있는 대목이다. 물론 무상급식을 찬성한다고 해서 점수가 깎이지는 않을 것이다. 철저히 논리력과 문장력, 구성력 등 글의 완성도로만 평가됐을 것이다.

채널A의 경우, 초기에는 TV조선 또는 KBS와 비슷한 '방송론'을 출제하다가, 이후에는 다시 정치 및 사회 현안으로 회귀했다. 2011년에는 "지상파에 더해 종편 4사가 출범했다. 채널A의 발전 방향을 논하라."라는 문제가, 2012년에는 "수험생 자신이 대통령의 참모가 됐다고 가정하고 복지정책 제안, 재정확보 방안, 정책 홍보안 등을 보고하라."라는 문제가 출제됐다. PD직군에서는 2012년 출제된 "채널A 〈쾌도난마〉가 성공한 비결을 인지부조화 이론과 연관지어 논하라."라는 문제가 눈에 띈다.

2016년에는 동아일보에서는 4차 산업혁명과 교육개혁이라는 논제가 나왔다. 채널A에서는 '대선 후보가 된다고 가정하고, 핵심 공약 2가지를 정해 서술하라'는 문제가 나왔다. 둘 다 앞으로도 타사에서 출제 가능성이 농후한 현안들이다.

2010년대 중반 이후 출제된 문제들은 그리 어렵지는 않았다. 동아일보의 2014년 "'대한민국의 애국'에 대해 논하라."나 채널A의 "북한이 로켓 발사를 할 경우 대북 확성기 방송을 재개해야 하는가." 같은 문제들이 그렇다. 채널A의 2014년 문제 "국가란 무엇인가."는 비교적 어려운 축이지만, 평소 동아일보의 사설을 봐왔다면 그리 어렵지만은 않았을 것이다.

2017년에는 약간 다른 스타일의 문제가 나왔다. 동아일보는 문재인 대통령, 도널드 트럼프 미국 대통령, 시진핑 중국 국가주석, 김정은 북한 국무위원장 등 4명을 주고 논하라는 문제가 나왔다. 중앙일보 스타일과 다소 흡사하다. 채널A는 '앵커 ○○○의 생각'이라는 코너를 만든다면 어떻게 브리핑할지 쓰라고 했다. 이 역시도 JTBC의 앵커브리핑 같은 것을 꾸준히 봤다면 쓰기 어렵지 않았을 것이다. 최근 몇 년 동안은 정년 연장, 일본제품 불매운동 등의 주제가 나왔다.

앞으로의 준비방향

앞으로 출제될 포인트를 예측해 본다면, 우선 정치권 주요 이슈는 무조건 출제가 될 가능성이 있다고 봐야 한다. 따라서 가장 좋은 방법은 매일 동아일보의 1면을 보고, 논술 개요를 한 편씩 써보는 훈련이 아닐까 싶다. 신문 읽기도 되고, 논술 준비도 되니 좋지 않나. 물론 매일 1편의 글을 쓰는 것이 더 좋겠지만, 현실적으로 쉽지는 않을 것이다.

그동안 상대적으로 덜 출제됐던 경제 정책에 대한 뉴스가 나온다면, 그 주제의 출제 가능성도 높을 수 있다. 부동산, 금융 정책, 소비자 정책 등에 대해서 동아일보 기사를 살펴보자. 월드컵 중계권료 논란, KBS 파업, 공영방송 편향 보도 논란 등도 생각해 볼 만한 주제다.

또한 2012년 동아일보·채널A 인턴기자 선발 당시 출제된 "청년실업의 원인과 해법을 쓰라."라는 식도 생각해 볼 수 있다. 같은 주제로 2013년 채널A 공채 필기에서 "당신이 기업의 CEO라고 가정하고, 스펙이 드러나는 입사지원서와 스펙이 드러나지 않는 입사지원서의 장단점을 서술하고 기업이 유능한 인재를 뽑기 위한 방안을 서술하라."라는 문제가 나왔다. 동아일보가 청년취업을 지원하는 청년드림센터를 운영하고 있다는 점을 기억해야 한다.

써봐야 할 주제

- 공교육의 패러다임을 바꿔야 한다는 주장에 대해 자신의 의견을 쓰라.
- 이번 대선의 시대정신을 논하라.
- 김영삼 전 대통령은 '통합과 화합'을 유훈으로 남겼다. 그 의미를 논하라.
- 대한민국의 대통령은 어떤 사람이 되어야 할까?
- '안철수식 새정치'를 통시적(通時的)으로 논하라.
- 새해를 맞아, 취업 아젠다를 제시하라.
- 통일을 준비해야 할 시대다. 동아일보와 채널A의 역할은 무엇인가?

매일경제 · MBN

매일경제는 논술을 빨리 써야 하는 것으로 유명하다. 시간이 항상 촉박하다. 필자의 기억으로는 50분에 논제 2개를 쓰고 영작을 해야 할 정도로 급박했던 것이 생각난다. 당시 한 감독관이 "짧은 시간에도 논리적이고 조리 있게 잘 쓰면 된다."라는 자신감을 표현했던 기억이 난다.

논제는 시사 이슈 중에 무난한 것, 경제 관련 이슈, 미래 및 지식 관련 이슈 중에서 고루 출제된다. 특히나 매경은 여러 가지 논제를 주고 2가지 정도를 골라서 쓰라는 식으로 문제가 출제되는 경우가 대부분이다.

매년 출제되는 논제 역시 시사(정치, 사회, 국제 포함)·경제·미래(미디어 및 미래 환경 이슈 포함)의 이슈별로 분류가 될 수 있을 정도다. 2006년에는 "포털의 사회적 책임(미래), 세계 100대 대학에 우리나라 대학이 없는 이유와 대안(시사), FTA에 대한 찬반 입장(경제)" 등이 출제됐다. 그중에서 2가지를 골라 논술하는 것이다.

2007년 역시 비슷한 틀이다. "원자재 확보 경쟁 속에서 한국이 나아가야 할 길(미래), 일본 도요타를 통해 본 바람직한 노사관계(시사), 신정아 씨 학력위조와 관련해 신뢰의 덫에 빠진 한국 사회(시사)" 등 3문제 중에서 2가지를 골라야 한다.

2008~2010년에는 5문제에서 2가지를 골라 논술하는 방식으로 출제됐다. 2008년에는 "독도 문제(시사), 기업의 사회적 책임(경제), 한국 경제는 위기인가(경제), 베이징 올림픽과 중국 경제(경제), 탄소배출권(미래)" 등이 출제됐다. 2009년에도 "생계형 사면(시사), 금강산 관광 중단 해제 논란(시사), 미일동맹의 유효성(시사, 미래), 집값 상승과 재건축 규제(경제), 비정규직 논란(시사)" 등 5가지 이슈를 던져 주고, 그중에서 2가지를 골라 찬반을 논하는 문제가 나왔다.

2010년 이후에는 미래 관련 이슈가 퇴조하고, 시사와 경제 위주로 출제되는 경향을 보였다. 또한 가끔씩 다른 언론사에서 볼 법한 뜬금없는 유형도 나왔다. 2010년에는 "DTI(경제), IT산업(경제), 대기업과 중소기업의 양극화(경제), 미중관계에서 한국의 역할(시사), 이재명 성남시장의 모라토리엄 선언(시사)" 중 2가지를 택해서 논술하는 문제가 나왔다.

2011년에는 "이명박 대통령의 '공정 사회'와 관련한 자신의 입장(시사), 창조성과 생산성에 대한 대안(경제)" 등 2가지 주제 중 하나를 골라 논하는 문제가 나왔다.

2012년에는 "독도에 홀로 남았다고 가정하고 첫 날의 일기를 쓰라."라는 신유형 문제가 눈에 띄었다. 타사 작문시험에 나올 법한 문제였지만, 1,200자 논술이었다. "경제자유화에 대해 논하라."라는 문제도 출제됐다.

2013년에는 경제 관련 이슈만 나왔다. "미국 양적완화 축소가 한국에 미칠 영향, 자신이 생각하는 창조경제의 정의와 실현 방안" 등 2가지 논제가 나왔다.

2015년에 출제된, 구한말 르몽드 만평과 2015년 뉴욕타임스 만평을 보여 주고, 한국 외교가 나아가야 할 방향에 대해 논하라는 문제는 고전이 다시 나온 격이다. 미·중 G2 시대에서 한국 외교가 나아가야 할 방향은 해묵은 논제지만, 여전히 중요한 이슈다. 게다가 고고도미사일방어체계(THAAD·사드) 논란으로 중국과의 갈등이 불거지면서 더 중요해졌다. 2016년에는 기업 구조조정에 대한 자신의 의견을 묻는 문제가 눈길을 끌었다. 2017년에는 문재인 정부의 소득주도성장론을 비판하고, 한국경제가 지속적으로 발전하기 위한 노력을 논하라는 논제가 나왔다.

이외에도 최근에는 소재·부품 등 기초산업에서 대일 의존도가 높은 이유에 대한 본인의 의견을 묻는 문제, AI 시대 윤리적 문제, 수험생 본인이 힘들었던 순간 등의 문제가 나왔다. 쓰기가 어렵지는 않았을 것으로 예상된다.

MBN의 경우 논술 1편을 본다. 한 가지 주제 또는 두 가지 주제 중 하나를 써야 한다. 대개 사회 이슈가 많이 출제된다. 그동안 나왔던 논제로는 '기초 노령연금의 방향과 보건복지부 장관 사퇴에 대한 의견', '기업의 사회적 책임', '무상급식 무상복지', '사회양극화', '촛불집회에 대한 평가', '남북관계와 경협에 대한 바람직한 방안' 등이 있다.

최근 MBN에서는 주요 시사 이슈를 열거하고, 그중에서 하나를 골라 논술하는 문제가 나왔다. 2014년에는 "세월호 수습, 인사청문회, 일본의 집단적 자위권 중 하나를 골라 논술하라."라고 했고, 2015년에는 "초고령화 사회와 인구절벽, 세계경제 위기설과 한국경제에 미칠 영향, 중국 열병식 참석에 대한 한미일중 4개국의 외교 중 하나를 골라서 쓰라."라는 문제가 나왔다. 매일경제에서도 '한국 외교', '푸드트럭', '아베노믹스', '카지노의 내국인 출입 제한' 등이 주제로 나왔다. 2016년에는 '촛불 민심과 국정 수습방안', '김영란법이 경제에 미칠 영향' 중 하나를 쓰라고 나왔다. 2017년에는 북한 문제에 대한 해법과 소년법 적용 논란 중 하나를 선택하도록 출제됐다. 인천 여고생 살인사건 등 시사 이슈를 챙겨보았다면 쓰기 어렵지 않았을 것이다.

앞으로의 준비방향

일단은 빨리 쓰는 연습을 해야 한다. 50분에 2편의 논술을 쓰는 것은 결코 쉽지 않다. 스터디 그룹에서 1시간에 1편을 쓰는 것도 힘들어하는 상황에서 갑자기 매일경제 서류가 통과되어 당황하는 경우가 많다. 따라서 하루는 50분을 심사숙고해서 1편을 쓰는 훈련, 하루는 20분에 1편을 쓰는 훈련을 하는 식으로 주기 조절을 해야 하겠다. 또한 시간 단축이 잘 되지 않는 언론고시생들은 50분에서 5분씩 줄여보기 바란다.

또한 본 책에서는 다루지 않는 내용이지만, 매일경제에서는 영어 기사를 번역해야 하는 문제도 꽤 자주 출제된다. 이는 매경 영문 뉴스 서비스 기사와 매경 기사를 비교하면서 공부하면 된다. 시험 공고 후 30일 동안 매일 영문 뉴스 톱 기사를 번역해보고 맞춰보는 훈련을 권한다.

MBN의 경우에는 종편 중 시청률이라는 측면에서 성적이 좋다. 그 점에 대한 논술 문제를 예측해 볼 수 있다. MBN의 주요 프로그램에 대해 꿰고 있는 것도 좋다. 시험장에 가기 전 1주일 동안 집중해서 보면서 연습해 보면 어떨까 싶다.

써봐야 할 주제

- '기본소득'에 대해 시장적 관점에서 비판하라.
- 한국 조선시장 위기
- 한국의 면세점 시장을 논하라.
- 경제민주화의 어제와 오늘을 말하라.
- 지분법 평가손익을 기업회계에 반영하는 이유는 무엇인지 설명하라.
- 특허전쟁 시대에 한국 경제가 나아갈 길은 무엇인가?
- 정년 60세 시대를 논하라.
- '한국은 규제 때문에 망한다'는 말에 대해 논하라.
- 추경예산을 통과해 놓고 집행하지 못하는 경우가 태반이다. 이에 대해 본인의 의견을 쓰라.
- 사회 통합을 이루기 위한 절대적인 대전제는 '건전한 경제성장'이라는 칼 빌트 전 스웨덴 총리의 의견에 대해 논하라.[4]

---

[4] "칼 빌트 '경제 위축은 갈등의 불씨 … 성장 없이 사회 대통합 없다'", 매일경제 2021. 1. 1, A5면(윤원섭 팀장 외) 인용.

한국경제 · 한국경제TV

한국경제는 그동안 경제 중심의 논술 문제를 많이 내 왔다. 또한 시장경제를 옹호하고, 시장의 자유로운 거래를 지지하는 신문이라는 논조를 유지해 왔다.

2000년대 중후반까지만 하더라도 한국경제는 경제에 대한 원론적인 문제가 논술로 많이 나왔다. 2005년 "고용없는 성장에 대해 논술하라."라는 문제가 그랬고, 2006년 "경기 부양에 대한 정부와 여당의 입장을 서술하고, 본인의 의견을 논하라."라는 문제 역시 마찬가지였다. 2009년에 출제된 "국제 금값 상승이 한국 경제에 미칠 파장" 역시 궤를 같이 한다. 경제학적 소양을 보겠다는 문제다.

하지만 2007년부터 친(親)시장 색채가 강하게 드러나는 문제들이 차츰 출제됐다. 2007년에는 "주택에 대한 정부의 가격규제가 시장에 미치는 영향을 서술하고, 그해 9월 실시된 민간아파트 분양가 상한제에 대한 찬반의견을 논하라."라는 문제가 출제됐다. 건축비에 적정 수익을 감안한 금액 이상의 분양가를 승인하지 않겠다는 정책이다. 2010년에는 "정치는 공평한 분배에 관한 것이고, 경제는 효용의 극대화에 관한 것이다. 정치적 기회주의가 시장경제를 왜곡하는 사례를 아는 대로 쓰고, 경제 정책의 중심을 어디에 두어야 하는지에 대해 논하라."라는 문제였다.

2011년은 특이하게 "돈"이라는 한 글자가 나왔다. 그해에는 논술문에 작문으로 글을 쓰는 사람도 꽤 있었다고 전해진다.

일부 학생들은 묻는다. 친시장으로 갈 것인지, 규제를 허용하는 방향으로 논술문을 쓸 것인지 말이다. 마치 보수신문에 지원한 학생이 진보 성향으로 답안지를 쓰면 떨어질까 겁난다는 이야기와 비슷한 맥락이다. 논리와 근거만 좋으면 문제가 없으니, 본인의 소신과 근거에 맞춰 쓰기를 바란다.

2012년 기출 문제는 친시장 정서의 끝판왕 격이다. "재난지역에서 상인의 폭리를 옹호하라."라는 문제가 나왔다. 이런 문제에서는 반시장 정서가 있다고 하더라도, 논제 자체가 '옹호하라'고 출제된 만큼 쓰기가 난해하다. 혼자 튈 생각 말고 무난하게 써서 필기를 일단 통과하고 보는 전략을 구사하는 것도 무리는 아닐지도 모른다.

2013년에는 다시 평범한 논제로 돌아왔다. 경제민주화가 출제됐다.

한국경제TV는 증권과 경제 전문 방송임에도 불구하고, 경제 이슈만 출제하지 않고 의외로 어디로 튈지 모르는 문제도 병행돼 출제됐다. 물론 한번 경제 문제가 나오면 어려운 문제가 출제될 수도 있다. 2013년에는 "경제민주화 VS 경제활성화"라는 문제가 나왔다. 2011년에는 "2012"가 논술 주제로 나왔다. 2009년에는 "운(행운)과 확률"이라는 논제가 출제됐다. 시험장 분위기에 대해서는 "자유롭게 써보라."라는 주문이 있었다고 전해진다.

한국경제TV에 입사해, 현재는 JTBC에서 앵커로 활약하고 있는 박진규 기자는 "경제학자에 대한 문제가 나올 것 같아 평소 경제 뉴스를 유심히 봤던 것이 논술에 도움이 됐던 기억이 난다."라며 "수요와 공급, 소득 같은 기본적인 경제학 개념은 알아둬야 논술을 쓸 때 낭패를 보지 않을 수 있다."라고 말했다.

2014년에는 이 책의 초판에서 제시했던 대로 토마 피케티를 겨냥한 문제가 나왔다. "경제학자의 예측은 왜 빗나가는가."라는 문제는 다분히 토마 피케티에 대한 한국경제신문의 시각을 보여주는 문제다. 자세한 해설은 정규재 주필의 글이나 인터뷰 내용을 참고하면 된다. 그 외에도 2014년에 "정치는 왜 언제나 유권자를 실망시키는가.", 2015년에 "경제적 불평등은 경제성과에 대한 기여도 차이라는 주장에 대해 논하라." 등의 문제가 있었다. 채널예스에서 정규재 주필을 인터뷰해 쓴 '정규재, 피케티의 해법은 사회를 가난하게 만든다.'라는 기사가 눈여겨볼 만하다. '개천에서 용이 나면 안 된다.' 등의 주장을 음미해 볼 필요가 있겠다. 한경TV에서는 'TV와 중국'이 논술 키워드로 나왔었다.

2016년에는 시장주의자라면 생각해 볼 만한 논제들이 나왔다. '돈의 가치를 옹호하라.', '골목상권을 살려야 한다지만, 청년들은 골목상권 일자리를 원하지 않는다.', '도시에는 악덕이 많다는데, 사람들은 점점 몰려들고 있다.' 등 3가지 주제에 대해 1개씩 논술을 쓰라고 나왔다. 120분의 시간에 3가지 논술을 쓰는데 시간이 부족해 애를 먹었다는 수험생이 많았다. 하지만 평소에 주제를 빠르게 잡고 쓰는 훈련을 했다면 그리 어렵지만은 않았을 것이다. 한국경제TV에서는 인공지능과 인류의 미래, SNS가 우리 삶에 미치는 영향 등 평이한 주제가 나왔다.

2017년 한국경제신문은 신자유주의의 실패를 이유로 정부가 적극 개입하는 것에 대한 찬반 입장을 쓰라는 문제를 출제했다. 자유 시장경제를 옹호하는 한국경제의 성향을 감안하면 정부 개입을 반대하는 것이 쓰기는 쉬웠을 것이다. 한국경제TV에서는 '공유지의 비극', '젠트리피케이션' 같은 단어를 주고 그 의미와 우리 경제에 시사하는 점을 짧게 서술하는 문제들이 나왔다.

앞으로의 준비방향

피케티, 디턴 등 경제학자들의 베스트셀러는 앞으로도 꾸준히 논술 주제라고 봐야 한다. 특히 앵거스 디턴의 경우에는 번역 관련 논란이 있었기 때문에 꼭 챙겨봐야 하겠다. 요즘 피케티의 책과 이론, 인터뷰 등은 연일 경제면의 핫 뉴스로 실리고 있다. 이에 대해 시장경제를 옹호하는 한국경제에서 피케티를 비판하는 형식으로 출제가 되지 않을까 싶다.

각종 선거에서 나오는 경제 관련 공약은 챙겨 봐야 한다. 작게는 6.4 지방선거 당시 마포구청장 선거에서 나왔던 반값 전기료 공약에서, 크게는 기초노령연금까지 다양하다.

또한 시간이 된다면 금융 공기업들에서 출제되는 경제 논술 중 이론이 되는 부분(수리적 부분 제외)만 읽어보면서 정리를 하면 어떨까 싶다. 이를 잘 정리해뒀다가 본인의 논술 답안에 잘 녹여서 쓴다면, 1~3등도 노려볼 만한 수작(秀作)이 나올 수도 있다. 대개 언론고시생들의 경제 관련 논술 답안은 깊이가 그리 깊지 않은 경우가 꽤 있기 때문이다.

앞으로도 한경미디어그룹은 경제와 관련한 이슈를 꾸준히 출제할 것으로 생각된다. 따라서 경제학적 소양이 없는 언론고시생들은 놀지 말고 경제학 입문이라도 한 번 읽고 공부하는 것을 추천한다.

> **써봐야 할 주제**
> - 한국경제 2021년 3월 22일자에 게재된 안정락 기자의 "'ESG 경영'의 딜레마 … 佛 다논, 사회적 책임 집착하다 최악 실적" 기사를 읽고 ESG 경영에 대한 본인의 의견을 논하라.
> - 블록체인 경제 시대에 한국이 나아가야 할 방향에 대해 논하라.
> - 미중 갈등 시대에 한국 외교가 나아가야 할 방향은?
> - LG와 SK가 미국 국제무역위원회(ITC)에서 소송전을 벌였다가 바이든 행정부의 중재로 합의했다. 이에 대한 자신의 의견을 논하라.
> - 이재용 삼성전자 부회장 사면론에 대한 본인의 입장을 논하라.

한겨레신문

한겨레신문의 자랑은 1988년 6만 7,000여 주주의 정성으로 탄생한 세계 유일의 국민주 신문이라는 점이다. 한겨레신문의 필기시험에 응시하기 전, 한겨레신문 사이트에 접속해 역사와 편집 원칙 등을 살펴보고 가는 것을 권한다.

큰 틀에서 보면 '정의란 무엇인지'에 대한 문제들이 나온다. 대개 〈한겨레21〉이나 〈시사인〉 등의 진보색채 시사잡지를 꾸준히 본다면 예측 가능한 주제들이 많다. 따라서 잡지들을 보면서 꾸준히 논제를 예측하고 또 미리 한두 편씩 써보는 습관을 지닌다면, 쓰는 것이 그리 어렵지는 않을 것이라 본다.

문제의 출제 방향은 민족 통일, 서민 배려, 공정한 언론 등의 키워드로 생각해 볼 수 있다. 2003년에는 "현 시기 통일 운동의 과제"가, 2005년에는 "토지 공개념"과 관련된 문제가 출제됐다. 2006년에는 "다문화 사회에서 코시안이라는 용어의 의미, 필요성, 적절성 등을 논하라."라는 문제가 나왔다.

2007년 이후에는 조금 더 시사성이 강화됐다. 2007년에는 "언론의 특정 정당 공개 지지에 대해 논하라."라는 문제가 나왔다. 언론의 공정성과 윤리성의 관점에서 쓰라는 주문이 있었다고 한다. 사실 미국에서는 언론이 특정 후보를 지지하는 것이 보편화됐지만, 한국에서는 공직선거법으로 금지돼 있다. 이에 대한 찬반 논쟁에 대한 본인의 이해도와 논리성 등을 평가하는 것이다.

공직선거법 제8조(언론기관의 공정보도의무)는 '방송·신문·통신·잡지, 기타의 간행물을 경영·관리하거나 편집·취재·집필·보도하는 자와 제8조의5(인터넷선거보도심의위원회) 제1항의 규정에 따른 인터넷 언론사가 정당의 정강·정책이나 후보자(후보자가 되고자 하는 자를 포함한다. 이하 이 조에서 같다)의 정견 기타사항에 관하여 보도·논평을 하는 경우와 정당의 대표자나 후보자 또는 그의 대리인을 참여하게 하여 대담을 하거나 토론을 행하고 이를 방송·보도하는 경우에는 공정하게 하여야 한다'고 규정[5]해 놓았다.

2010년에는 당시 '대학은 산업'이라고 밝혔다는[6] 박용성 중앙대 재단이사장의 글과, 고려대 자퇴생 김예슬 씨의 대자보 '오늘 나는 대학을 그만둔다, 아니 거부한다.'가 지문으로 나왔다. 지문과 함께 주어진 문제는 "대학 상업화와 효율화에 대한 상반된 입장이 있는데, 이를 비교하고 대학 교육에 대해 논하라."라는 문제가 나왔다고 한다.

---

5) 법제처 국가법령정보센터 인용(https://www.law.go.kr/법령/공직선거법)
6) "'학문은 돈으로 재단할 수 없어'…청년, 대학 떠나다.", 경향신문 2014. 5. 7, 14면(허남설 기자) 인용

2012년 논제는 수험생들 사이에서 널리 회자가 됐다. "한국 사회의 선출되지 않은 권력"이라는 주제가 나왔다. 2013년에는 "10대 청소년들의 언어문화에 대해 논하라."라는 문제가 나왔다. 2015년에는 "현대 사회에서 음모론은 왜 생기고 어떤 작용을 하는지 사례를 들어 논하라."라는 주제가 출제됐다.

2017년 한겨레는 가짜뉴스에 대해서 논술을 냈다. 가짜뉴스는 지난 미국 대선 때부터 촉발되기 시작했다. 일각에서는 트럼프가 가짜뉴스 덕을 봤다는 분석도 있었다. 우리 사회 역시 가짜뉴스에서 자유롭지는 않다. 실제로 지금도 꾸준히 가짜뉴스가 나온다. 이를 겨냥해 언론사들과 서울대학교가 팩트체크 서비스를 하기도 한다.

앞으로의 준비방향

앞으로 한겨레신문은 전통적인 출제방식인 정의와 민족, 민주주의, 공정성, 균형 등의 명제에 대한 심도 있는 주제와 함께, 앞으로 사회에 대한 문제도 조금씩 더 나올 것으로 보인다. 2008년 세계 금융위기를 계기로 한 "시장과 정부의 관계"에 대한 문제가 나오기는 했으나, 앞으로 많이 나올 것으로 보이지는 않는다. 규제를 무조건 악으로 보는 시장주의자들의 시각에 대한 반론성 문제를 조심스럽게 예측해 본다.

비록 2017년에 출제됐지만, 가짜뉴스는 앞으로도 중요한 논술 주제다. 한겨레신문에서도 이와 관련한 문제의식을 바탕으로 비슷한 문제를 낼 수 있다. 타 언론사에서도 가짜뉴스 문제는 여전히 핫한 논술주제다. 평소에 글을 쓰면서 생각을 정리해 보기를 권한다.

또한 한겨레신문은 1차 서류전형이 없는 대신, 1차에서 종합교양과 논문, 작문 등의 시험을 본다. 그 난이도는 꽤 높다. 평소에 한겨레신문을 읽으면서 상식을 메모장에 정리해 두는 것이 최선의 방법이 아닌가 싶다.

끝으로, 한겨레신문은 허핑턴포스트와 합작해 허핑턴포스트코리아를 운영하고 있다. 이에 대한 관심도 유지해야 하지 않을까 싶다. 수험 목적으로 한 번은 나올 것 같은 생각이 든다.

써봐야 할 주제

- 왜 기레기가 양산되는가?
- 82년생 김지영과 20대 남성 프레임에 대해 논하라.
- 과잉 진압에 대해서 논하라.
- 다음 대선은 어떻게 치러야 할까?
- 한국 사회의 반(反)다문화 정서에 대해 논하라.
- 공정한 입시가 공정한 사회를 만들 것이라는 명제는 환상인가?
- '보배드림 저널리즘'에 대해 논하라.
- 공영방송 지배구조 개선에 대한 본인의 의견을 쓰라.

경향신문

경향신문은 전통적으로 정의로운 정치와 경제 방안에 대한 문제를 많이 출제해 왔다. 2006년 출제된 '삼성공화국' 문제가 대표적이다. "삼성공화국이라는 정의는 타당한가. 정치·경제·사회·문화적으로 영향을 끼치는 삼성에 대해 논하라."라는 문제였다. 삼성은 초일류기업이고, 한국 최대의 대기업 집단이다. 이에 대한 비판적인 사고력을 판단하는 문제였다.

2012년 출제된 "재벌 개혁에 대해 '재벌 때리기'라는 반발이 있다. 이에 대한 견해를 밝히고 재벌 개혁에 대해 논하라."라는 문제 역시 비슷한 맥락이다.

정치나 정책과 관련된 문제 역시 꾸준히 출제됐다. 2007년에 나왔던 "민주화 20년 한국 사회의 당면 과제", 2010년 "법치의 위기가 온 원인과 대안", 2011년 "복지국가" 등의 문제가 그렇다. 꾸준히 신문을 보면서 민주화, 법치, 복지, 공정한 사회 등 제반 이슈에 대해서 관심을 갖고 있었다면 쓰기 어렵지 않은 주제들이다.

진보적 스탠스를 취한 문제도 종종 나온다. 2011년 "탈(脫) 박정희" 같은 주제가 그렇다. 2013년 "새정치에 대한 대중의 열망과 실망이 반복되는 이유"도 궤를 같이 한다.

경향신문은 2년에 한 번 정도의 빈도로 문화에 대한 문제도 꾸준히 내고 있다. 2007년에 나왔던 "신자유주의 시대의 문화 다양성과 한류에 대해 논하라." 같은 문제가 그렇고, 2008년 "다문화주의의 가능성과 민족주의의 장래"도 마찬가지의 스타일이다. 2011년에는 "한류에 대한 견해"가 출제됐다.

눈길을 끌었던 문제는 2008년 출제됐던 "시민들의 이중적 모습"에 관한 문제였다. 세계화 시대에 개방의 중요성은 인정되면서, 한편으로는 한미FTA에 대한 반대 여론도 거셌다. 뉴타운 공약이 각광을 받는 한편, 촛불집회를 통해 탈물질적 가치가 추구되기도 한다는 것이다. 이를 분석하고, 이 시대의 시민상(像)을 논하라는 문제였다. 쓰기도 어려웠지만, 시민이 어떤 존재인지를 언론고시생 나름대로의 언어로 정의하는 것도 어려웠을 것이다.

2014년에는 "당신이 새누리당의 신설 보수혁신위원장이라면 무엇을 할 것인가?" 같은 문제나 "인문학 붐 또는 위기라는 말에 대한 당신의 생각은 어떠한가?" 같은 문제도 수험가에서 관심을 모았다. 이런 문제는 오늘날 "영부인의 카카오톡 리스크를 두고 당신이 한동훈 국민의힘 대표라면 어떻게 해결책을 내놓을 수 있겠는가." 또는 "노벨문학상을 받은 한강 작가가 연세대 국어국문학과 학생들에게 전하는 글을 쓰라." 등으로 새롭게 변형해 볼 수 있겠다.

2010년 "기자로서 천안함 보도를 어떤 수준으로 할지 논하라."라는 문제는 앞으로도 유효하다. 비록 기자로서 어떤 보도를 할 지는 묻는 문제가 나오지 않았지만, '정치는 한국 사회에서 문제인가.' 같은 화두를 던지며, 기자로서 사회 현안에 대한 문제를 물어보는 문제는 꾸준히 출제됐다. 트위터 인수를 두고 공론장과 자본, 미디어의 관계 및 지향점을 묻는 문제도 비슷한 맥락에서 준비해 볼 수 있겠다.

2016년에 나온 인공지능 문제도 눈길을 끌었다. 인공지능 문제에서는 데카르트의 '인간론'을 기반으로 한 인공지능(AI) 해석의 문제가 출제됐다. 프레시안에 나온 칼럼[7]을 바탕으로 살펴보자. 동물은 물질로 이뤄진 기계라서 이성적 사고를 할 수 없지만, 인간에게는 합리적인 영혼이 있어서 가능하다. 알파고가 이세돌 9단과의 대국에서 이긴 시대상을 데카르트의 논의와 결부지어 해석하라는 이야기다. 인공지능은 2020년에도 노동의 미래와 대책에 대한 문제로 출제됐는데, 앞으로 언론의 미래와 챗GPT 등으로 얼마든지 출제가 가능하다.

2017년 논제는 다소 정석 스타일에 가깝다. 2가지 문제가 나왔다. 하나는 환경과 효율성의 상반된 논리 속에서, 온실가스 감축과 원전폐기, 복지 등에 관한 해결 방안을 쓰라는 문제다. 다른 하나는 정치가 한국 사회에서 문제인지 해결책인지를 서술하라는 문제가 나왔다. 최근에는 절차적 공정성, 재난지원금, 인공지능시대 노동, 직접민주주의 등의 논제가 출제됐다.

---

7) "내가 낳은 딸 vs 금속으로 만든 딸, 뭐가 진짜야?!", 프레시안 2012. 2. 17. 칼럼(김용언) 인용

앞으로의 준비방향

경향신문은 꽤 '정석대로' 문제를 출제하는 편이다. 원론적이지만 논리력을 엄밀히 평가하고, 시사 이슈에 대한 관심을 확인할 수 있는 문제가 많다. 때문에 잔재주보다는 시사 이슈에 대한 깊이를 기르는 것이 방법이다. 또한 경향신문은 2~3개 문제를 출제하고 택1하는 방식이 많다. 따라서 자신이 모르는 논제가 나오지는 않을 것이다. 3가지 논제 모두를 모르겠다면, 그것은 수험생 본인의 잘못이다.

최근 몇 년 사이에는 '공정'에 대한 이슈가 눈에 띈다. 절차의 공정성, 결과의 공정성 등은 물론이고, 증세나 갑질 등 연관된 이슈가 있다. 아예 대한민국의 공정성을 묻는 논제도 있었다. 이는 사회적 화두가 된 공정성에 대한 경향신문의 고민이 묻어난 것 아닌가 싶다. 앞으로도 꾸준히 신문 1면에 나온 화두를 중심으로 논술 준비를 해야 하겠다.

써봐야 할 주제

- 어떤 일자리 정책이 바람직한가?
- 접대비와 '김영란법'에 대해 논하라.
- 이건희 삼성전자 회장은 지난 1995년 "우리나라 정치는 4류, 행정은 3류, 기업은 2류"라고 말했다. 이 발언을 비평하라.
- 정치와 민심의 상관관계
- 왜 내로남불 논리는 사라지지 않는가?
- 진보정당운동의 미래와 대안을 논하라.
- '그래도 새정치가 필요하다.'라는 주제로 연설문을 작성하라.

그 외에 생각해 봐야 할 기출 논제들

지면의 제약이 있어 이 책에서 모두 소개를 못했지만, 눈여겨봐야 할 주제들에 대해서는 다른 언론사들의 기출 문제를 중심으로 생각해 보기로 한다. 각각의 언론사에서는 현대 사회에서 중요한 분야별, 예컨대 경제·문화·산업·정치·국제 등의 테마에서 중요한 이슈를 논제로 내는 경향이 있다.

포스트 코로나 시대

2019년 12월 말부터 시작된 코로나 바이러스 감염증은 2023년 5월 정부가 코로나 엔데믹을 선언하면서 공식 종료됐다. 하지만 코로나 시국 당시 우리가 겪은 현실은 앞으로 다가올 미래를 미리 접할 수 있었던 리트머스 종이일지도 모른다. 2020년 옆집의 누가 코로나에 걸렸다면서 이동 동선을 전체 언론에 공개하고, 이 때문에 사생활 침해 논란이 일었던 것을 기억해 볼 수 있다. 또 학자들도 잘 모르는 감염병에 걸렸다는 이유로 흰색 방역복을 입은 사람들이 당사자를 이송해 격리하는 것은 어떤가. 또 코로나가 어느 정도 성숙된 이후 한국에서 코로나 확진자가 하루에 10만 명, 20만 명씩 나오면서 사실상 일정 기간 보건 체계가 마비됐던 것은 기억하는가.

코로나가 나쁜 점만 있었던 것은 아니다. 미래 시대 노동 체계로만 인식하던 재택근무가 전 세계에 보편화됐던 경험은 인류로서는 새로운 일이 아닐 수 없다. 지금은 대부분의 기업들이 현장 근무를 보편화했지만, 2021년만 하더라도 많은 기업들이 안전을 이유로 재택근무를 했고, 이 때문에 동영상 회의 시스템 업체들이 엄청난 수익을 거둬들이기도 했다. 심지어 초중고교까지도 상당 기간 온라인 영상 수업을 진행했던 것은 전세계에서도 거의 처음 있는 일이다. 이런 사안에 대한 반성이나 고민을 담은 문제는 코로나가 종료된 지금도 유효하고, 어느 다른 신종 감염병이 나타나면 또 출제될 것이다.

독도와 역사 문제

일본의 과거사 청산이 이뤄지지 않는 이상, 일본 관련 역사 문제는 꾸준한 논제가 될 것이다. 지금도 필자의 생각으로는 왜 일본이 과거사에 대해 통렬한 반성과 피해자 배상을 제대로 하지 않는지 안타까울 따름이다. 독도와 종군위안부 할머니, 친일파 청산, 일본의 과거사 사죄, 미국에 있는 위안부 기림비, 아베 신조 등의 망언, 무라야마 담화 등의 키워드를 생각해 볼 수 있다.

2009년 "친일을 판단하는 기준(단죄 또는 포용해야 할 행위에 대한)을 제시하고 그 이유를 제시하라."라는 국민일보의 논제나, 2012년 "이명박 대통령의 독도 방문"을 주제로 제시한 한국일보가 그렇다. 같은 해 문화일보 역시 "이명박 대통령의 독도 방문"에 대한 문제를 냈다. 앞으로 한일 문제가 불거질 때마다 이는 꾸준히 논제가 될 전망이다.

특히나 2017년경부터 부산 일본총영사관 앞의 위안부 소녀상 설치를 두고 일본 정부가 강력반발하는 것을 눈여겨봐야 한다. 일본 대사는 "10억 엔을 냈으니 소녀상을 철거해야 한다."라는 입장이다. 한국 정부가 밀실 합의를 해줬다는 비판이 많다. 언론사 수험을 논하기 이전에 국민으로서 가슴이 아픈 대목이다.

복지

앞으로는 복지시대다. 장하준 케임브리지대 교수는 중앙일보 기고문[8]에서 이렇게 말했다.

---

8) "'집단 효도'가 필요하다.", 중앙일보 2014. 6. 5. 31면 칼럼(장하준) 인용

"예전 같으면 효도하지 않는 자식들 몇 명만 꾸짖어 바로잡으면 노인 문제가 어느 정도 해결되었을지 모르지만, 지금은 그렇게 할 수 없다. (중략) 노인 연금과 노인을 위한 복지 지출을 대폭 늘려서 국민 전체가 윗세대에게 '집단 효도'를 하지 않으면 안 되는 시대가 왔다."

대가족이 붕괴되고, 가족도 해체됐으며, 노인들의 삶도 어려워 복지로 해결하지 않으면 노인 빈곤을 해결할 수 없다는 이야기다. 정확한 의미는 원문을 찾아 읽기를 바란다. 많은 학자가 제시하는 복지에 대한 논의를 읽고, 항상 대안을 생각해 보는 논술 습관을 들여야 하겠다.

복지와 관련해서는 문화일보에서 2012년에 낸 "대한민국에서 복지와 경제, 안보 간의 상호관계를 설명하고, 우선순위에 대한 생각을 밝혀라."라는 문제를 생각해 볼 수 있다. 앞으로 많은 선거에서 복지 공약이 주된 화두가 될 것이라는 점은 명백하다. 그만큼 준비를 해야 한다. 스터디 그룹을 통해 공부하고 있는 언론고시생이라면, 복지 관련 정책이나 공약이 나왔을 때 정리를 하는 습관을 들여야 하겠다.

미디어와 모바일

꾸준히 다양한 언론사에서 출제되는 문제다. 사실 각 언론사의 입장에서도 모바일 시대에 대한 뚜렷한 대안이 없기 때문에 언론고시생들의 아이디어를 한번 보고 싶은 의도도 있을 것이다. 언론사 중 머니투데이의 문제가 꽤 눈에 띈다. 2010년에는 "스마트폰이 우리 삶에 미치는 영향과 미디어의 변화"에 대한 문제가 나왔다. 오늘날 많은 사람이 스마트폰에 있는 애플리케이션을 통해 뉴스를 접한다. 종이신문이 쇠락하는 시대, 미디어의 변화에 대한 고민과 소양을 보겠다는 것으로 풀이된다. 게다가 머니투데이는 증권 속보를 중심으로, 속보 미디어의 최전선에서 업계를 이끌어온 자부심이 있기도 하다.

머니투데이는 2013년에는 "온라인 뉴스 유료화"에 대한 의견을 묻기도 했다. 당시 뉴스 유료화는 조선일보 등 많은 언론사들의 주된 화두였다. 일부 언론사들은 가판을 온라인으로 부활시켜 수익성을 추구했지만, 이를 진정한 유료화라고 볼 수는 없을 것이다. 수험생들은 돈을 내고 추가로 구매할만한 콘텐츠는 무엇인가라는 문제에 대한 고민을 잘 풀어서 썼어야 했다. 특히 2021년 들어 다시 유료화는 언론계의 화두가 됐다. 네이버에서 시작한 CP(콘텐츠 제휴)사 대상 유료화 실험 때문이다. 굳이 네이버를 언급하지 않더라도, 지난 수년 동안 영미권 언론에서 유료화, 멤버십, 후원 모델을 실험해 오는 동안 우리의 언론환경은 협찬이나 광고영업에만 의존해 온 것도 사실이다. 유료화는 향후 몇 년간 다시 살아 있는 논제가 될 전망이다.

서울경제의 2012년 기출 "내가 언론사 편집국장이 된다면" 같은 주제 역시 비슷한 맥락으로 생각해 볼 수 있다. 편집국장은 지면의 뉴스 판단만 하는 것이 아니라, 앞으로의 뉴스 흐름을 예측하고, 새로운 뉴스 전달에 대해서도 고민하는 자리다. 2016년 헤럴드경제에서 출제된 미래의 기자상에 대한 논술 문제 역시 모바일 퍼스트 시대의 고민을 지원자들도 하고 있는지를 테스트해 본 좋은 논술 문제였다.

그 외

산업화와 재벌 문제는 앞으로도 꾸준히 유효한 주제다. 2009년 머니투데이에서 "삼성과 현대차 그룹의 오너십 경영"이 문제로 나온 것이나, 2010년 서울경제가 "오너경영의 장점과 개선책"을 출제한 것이 대표적인 예다. 한겨레신문이나 경향신문에서도 이와 관련한 꾸준한 칼럼이 나오고 있다. 당장 2024년 10월에만 하더라도 MBK와 영풍그룹이 고려아연 측과 경영권 분쟁을 일으켰던 사건이 있다. 오래된 사례 중에서는 롯데 경영권 분쟁이나 삼성물산 합병 등의 이슈가 있었다. 시의성에 따라 언제든지 출제될 수 있는 것이 대기업의 경영권 분쟁과 지배구조 이슈다.

흉악범죄 역시 생각해 봐야 할 주제다. 흉악범죄가 발생할 때마다 늘 판박이처럼 반복되는 수사당국의 뒷북식 대응, 경마 보도식 언론보도 양태, 흉악범 얼굴 공개 문제 등을 생각해 볼 수 있다. 여기에 하나 추가한다면 피해자 취재 시 주의해야 할 소양을 더해보고자 한다.

앞으로의 준비방향

　기출 문제를 공부한 다음에는, 약간은 선제적으로 공부할 필요가 있다. 많은 언론고시생이 최근 1년 동안 출제된 논제만 한 번씩 써보고, 합격했다는 선배들 글 몇 개를 읽어보고는 공부를 더 하지 않는다. 그러고는 시험장에서 자신이 써본 것과 비슷한 주제가 나오면 그냥 외웠던대로 글을 쓰고 만다.

　결과는 조금 뻔할 수 있다. 비슷한 답안이 쏟아지니 변별력이 없고, 다같이 떨어지는 현상이 발생할 수 있는 것이다. 따라서 신문지상의 주요 이슈를 확인하고, 이를 바탕으로 어떤 주제를 써볼 수 있는지, 매주 고민해 보면서 스터디 그룹을 진행하기를 바란다.

　서울경제는 2년 연속 키워드성 문제를 논술 주제로 내고 있다. 2015년 "위기", 2014년 "낙엽"이 그렇다. 작문성 키워드를 논술로 어떻게 풀어낼지 생각해 볼 문제다. G1의 "선거구 획정 문제와 관련해, 헌법상 표의 평등성 가치와 지역구의 대표성 가치의 충돌을 논하라." 같은 문제도 다른 언론사에서 출제될 가능성이 높다.

　그 외에도 이데일리(2015년)의 "아베노믹스의 공과와 한국 경제의 활로를 논하라.", 전자신문(2015년)의 "(나영석 PD의 〈신서유기〉 관련 지문을 주고) 한국 영상 콘텐츠 시장의 전망을 논하라.", 농민신문(2015년)의 "국내 농수산업계를 위해 김영란법을 예외적으로 미적용해야 한다는 주장에 대해 논하라.", "가수 신해철의 사망 사고 관련해 추측성 보도를 두고 입장이 갈린다. 언론의 책임 있는 태도에 대해 쓰라." 등의 문제가 눈에 띈다.

2016년 출제된 "PEF 투자의 나아가야 할 방향"(인베스트 조선), "내가 대기업 오너라면 어떤 자회사를 매각하겠는가."(더벨), "집을 사야 하나?"(MTN) 같은 경제 문제도 눈에 띈다. PEF(사모펀드)의 뜻조차 모르는 지원자들은 반성하라.

또한 최근에는 경영 환경에서 ESG가 중시되고 있다. 환경(Environment), 사회(Social), 지배구조(Governance)를 뜻하는 말이다. 일부 경제지를 중심으로 ESG 열풍이 불고 있다고 해도 과언이 아닐 정도다. 입사를 희망하는 우리들은 관련 이슈를 체크해 두고, ESG 관련한 나만의 기획 아이템을 준비해야 하겠다.

언론고시 쉬어가기

기자와 축구

축구를 싫어하는 사람도 기자가 되면 의무적으로 축구를 하거나 축구 응원을 해야 하는 때가 있다. 기자협회 축구대회 시즌이다. 대개 매년 5월에 열린다. 경기 수준은 그리 높지 않은데, 관심은 언론계의 월드컵 수준이다.

사세 싸움의 장이라는 이야기도 있다. 어떤 회사는 자사의 신규 뉴스 서비스 이름을 유니폼에 새기고, 어떤 언론사는 사주가 경기장을 찾는다. 매년 새 축구화와 유니폼 자랑은 여전하다. 어떤 회사들은 전문 감독을 모셔서 트레이닝을 받기도 한다.

축구말고도 편집기자들의 경우 협회 농구대회, 미디어오늘의 족구대회 등도 많은 관심을 모은다. 이는 스트레스를 따로 풀 방법이 마땅하지 않은 언론환경 때문인 것으로 풀이된다. 매일 치열하게 취재하고 보도하는 일상에서, 웃고 떠들 기회가 마땅히 없다. 이는 일은 잠시 잊고, 선후배들과 함께 웃고 떠들 수 있는 기회가 된다. 노조 행사와 축구대회 두 번이 1년 행사의 전부인 기자들도 꽤 있다.

축구는 젊은 기자들에게는 꽤 고역이 될 때도 있다. 젊은 기자들이 뛰는 것은 물론이고, 주축이 돼야 한다. 하지만 술과 취재로 바쁜 젊은 기자들은 조기축구 등으로 몸을 만들어 온 백전노장 선배들에 비해 힘이 달리고, 의외로 힘에 벅찬 경우도 많다.

2023년부터 한국기자협회는 여성기자 풋살대회를 개최해 왔다. 팀별로 승부욕이 넘치는 것은 물론이고 수준 높은 플레이로 호평을 받고 있다. 뉴스1이 2023~2024년 두 해 연속 우승했다.

PART 3

실전 논제 연습

논제 1 ~ 18

수험생 답안

해설

새로운 답안

연습유제

PART 3

실전 논제 연습

 논제 1

한반도가 동북아는 물론 국제 정치의 주요 중심지로 부상하고 있다. G2인 미국과 중국은 패권 다툼을 일삼고 있고, 일본은 집단적 자위권 문제를 들고 나왔다. 우리나라의 대응 방안은 무엇일까? 지금의 상황이 17세기 병자호란 당시와 비슷하다는 의견도 제시되는데, 당시의 조선과 지금의 대한민국을 비교하라.

2013 서울신문 변형

수험생 답안

카트리나 모멘트는 그래프의 상승과 하강이 엇갈리는 지점이다. 2005년 태풍 카트리나가 미국 뉴올리언스를 강타했다. 태풍이 지나가자 서민의 열악한 실상이 그대로 드러났다. 조지 W. 부시 대통령의 지지율은 급속도로 하락했다. 이 용어는 여기에서 비롯된 말이다. 한미동맹에도 카트리나 모멘트가 나타났다. 그동안 미국은 한국을 '린치핀', 일본을 '코너스톤'에 비유했다. 미국이 동맹의 중심축을 일본이 아닌 한국으로 옮긴 게 아니냐는 분석이 있었다. 그러나 미국은 일본의 집단적 자위권을 인정했다. 사실상 일본의 손을 잡은 셈이다. 그 이후 미일동맹은 상승곡선, 한미동맹은 하강곡선을 그린다는 우려가 나왔다.

우물 안 개구리와는 바다를 논하지 않는다. 한국은 한미동맹의 달콤함에 취해 있었다. 하지만 미국은 향후 동북아 관련 정책을 한국이 아닌 일본과 논했다. 중국을 견제할 수 있는 방패가 일본이라는 판단에서 비롯됐다. 미국은 여기서 끝나지 않았다. 한국에 미·일 군사 동맹 참여와 MD 편입을 요구하고 있다. 그러나 이 경우 한·미·일의 공격 망에 중국이 포함된다. 최근 회복됐던 한중관계에 찬물을 끼얹는 셈이다. 한국은 17세기 병자호란과 같이 동맹국 미국(명나라)이냐, 현재 떠오르는 중국(청나라)이냐를 선택해야 하는 상황이다.

명분보단 실리다. 미국의 편만 들어주면 그만큼 한중관계는 시들해진다. 한미동맹은 견고히 유지하며 중국과의 관계 개선에 힘을 기울여야 한다. 현재 미국과 진행하는 키 리졸브 훈련이나 을지프리덤가디언 연습을 그대로 진행해 동맹을 유지해야 한다. 대신 중국을 자극하는 MD 체제나 미·일 군사동맹은 참여하지 않으면서 미국과 적당히 거리를 둬야 한다. 중국과는 작은 것부터 신뢰를 쌓아야 한다. 인문학과 같은 문화적 교류나 통화 스와프 등 경제적 협력을 통해 관계를 개선해야 한다. 이는 박근혜 전 대통령의 동북아 평화협력 구상과 일맥상통한다.

우물 밖을 나와 바다를 논하는 개구리가 돼야 한다. 현재 미일동맹의 대외적 명분은 북핵 위협이다. 일본의 집단적 자위권 주장도 94년 한반도의 핵 위기에서 시작됐다. 만약 한국이 북핵 위협을 제거하면 한국의 입지는 강화되고, 미일동맹과 일본의 재무장 명분은 사라진다. 이를 위해 미국, 중국, 일본과 같은 강대국 외에도 아시아 국가들과 북핵 해법을 찾아야 한다. 한미, 한중과 같은 양자외교에만 치중하면 한국이 누군가를 택해야 하는 곤란한 상황에 자주 직면한다. 한 예로 박근혜 전 대통령이 ASEAN 정상회의에서 동북아 평화협력 구상에 대한 관련국들의 지지를 이끌었다. 이 회의가 끝나고, ASEAN은 북핵 위협을 경고하며 대북 제재를 찬성하는 내용을 발표했다. 이처럼 한국이 주도해 동남아시아 국가들과 협력하는 또 다른 방안도 생각해야 한다.

로마의 동전엔 야누스의 얼굴이 있다. 비슷한 것처럼 보이나 좌우 얼굴은 미묘하게 다르다. 한국의 동북아시아 정책 방향도 연속성을 유지하면서 변화를 지녀야 한다. 한미동맹의 틀을 유지하되 중국과의 관계 개선을 통해 실익을 얻는 전략이 필요하다. 이와 함께 우물에서 벗어나 다른 아시아 국가들과 북핵 위협을 줄이고 동북아 평화를 논하는 제3의 길을 찾아야 한다. 실리와 제3의 길을 찾는 것, 앞으로 한국의 동북아 정책 방향이다.

해설

　사실 사골에 가까운 고전인데, G2 국가인 미국과 중국의 관계는 좀처럼 개선될 기미를 보이지 않아 계속 살아 있는 '떡밥'이 될 문제다. 기본 틀을 훈련하고, 최신 시사 이슈에 맞게 관련 키워드(쿼드, 백신, 무역전쟁 등)를 꾸준히 가미해서 써보는 연습이 필요하겠다. 미국이냐 중국이냐. G2로 부상한 중국의 패권주의와 전통적인 우방 미국 사이에서 고민하는 대한민국의 외교에 대한 문제는 2000년대 초반부터 출제되던 논술 주제였다. '호랑이 등에 올라타야 한다.'라는 식의 논리로 전개되던 용미론(用美論)은 대표적인 예시답안 중 하나였다. 물론 반미 자주를 외치는 답안도 적지 않다.

　2021년 조 바이든 행정부가 출범해 미중 관계가 대폭 개선될 것으로 기대하는 측면도 있었지만, 우리의 상황은 크게 달라지지는 않은 것 같다. 2021년 상반기 쿼드 가입과 백신 논란만 보더라도 미중 사이에서 한국의 입장은 어떻게 가야 할지를 두고 국론이 극명하게 갈릴 정도 아닌가. 따라서 자신만의 미중관계 답안을 평소에 정립하는 것이 중요하다.

　제시된 수험생 답안을 보면 무슨 생각이 들까. 어디서 들어본 카트리나 모멘트라는 개념을 써먹어보려고 고민하다가 억지로 짜맞춘 느낌이 든다. 아니나 다를까, 2013년 5월 21일자 경향신문 시론란에 이철희 두문정치전략연구소장이 쓴 "대통령 손에 달린 '카트리나 모멘트'"라는 칼럼이 있다. 물론 이 학생이 카트리나 모멘트를 미리 알고 있었을 가능성도 있겠지만, 어째 읽으면서 갖다 붙이려고 외워둔 것 아닌가 싶은 생각도 든다.

논술의 기본은 암기다. 괜찮은 글감이 있으면 기억했다가 인용하는 것은 좋은 글을 쓰는 요건이다. 하지만 자신이 외웠던 것을 어떻게든 써먹으려고 무리수를 두다가 탈락을 하는 경우가 종종 있다. 이번 경우의 카트리나 모멘트는 적절하지 않은 비유였다.

카트리나 모멘트는 2005년 미국 뉴올리언스를 강타한 초대형 허리케인에서 유래한 말이다. 도시의 80%가 물에 잠기고, 당시 부시 정부는 지지율이 급락했다. 서민들은 열악한 환경에서 신음하고, 정부는 허술한 구조활동으로 비판받았다. 게다가 사회의 양극화까지 심해져, 국민은 부시 대통령에 대한 기대를 접었다. 그 이후 카트리나 모멘트는 상승과 하락이 엇갈리는 지점을 말하는 정치학적 용어로 쓰인다.

이철희 소장은 또 이명박 정부의 카트리나 모멘트는 취임 첫해인 2008년 5월의 촛불집회, 노무현 정부 때의 카트리나 모멘트는 2005년 7월 대연정 발언, 김대중 정부의 카트리나 모멘트 1999년 옷 로비사건으로 지목했다.

오히려 이런 상황에서는 굳이 카트리나 모멘트를 써먹는 것보다는 동북아 균형자론 같은 개념이 더 나을 수도 있다. 2000년대 초반 개념으로 해묵어 보이지만, 그래도 억지로 짜맞추는 것보다는 나을 수 있다.

새로운 답안

　우물 안 개구리. 2013년 대한민국의 국제정치 현 주소다. 휴대전화는 몇천만 대가 팔리고, GDP로는 세계 12위(PPP기준)에 오른 대한민국이지만 국제정치에서는 소위 '세컨드 티어', 2류를 못 벗어나는 것이 현실이다. 버락 오바마 미국 대통령이 한미동맹은 린치핀(Linchipin·핵심축), 미일동맹은 코너스톤(Cornerstone·주춧돌)이라 부른 것에서 이제 미국의 방점이 일본에서 한국으로 옮겨왔다는 이야기도 있지만 몽상 수준이다. 당장 미국은 일본의 집단적 자위권을 인정했다. 한국을 비롯한 동북아 국가 모두가 반대하던 것이다.

　바다를 모르고 우리끼리만 떠들었다. 한국이 6.25 이후 60년간 한미동맹의 신화에 취해 있었던 동안, 미국은 일본과 이익을 공유하며 동북아 정책을 논했다. 미국의 방위비 절감과 중국을 견제하기 위한 방패가 일본이라는 판단에서였다. MD 논의에서도 한국의 참여를 원했다. 전략적 협력동반자 관계인 국가에 미사일을 겨누라는 셈이다. 우리는 중국에 총구를 겨눠야 하는가. '한국형 MD' 운운하는 것을 누가 믿을까.

　대안은 따로 없다. 속된 말로 말한다면, 여기 붙었다 저기 붙었다 해야 한다. 간이고 쓸개고 내어주고, 모두에게서 '배척'을 피해야 한다. 좋게 말하면 실리외교요, 다극화 시대의 다양한 전략적 동반 전략이라고 볼 수 있다. 물론 미국과의 관계가 제1이 되어야 한다는 전제는 깰 수 없다. 인정하기 싫지만, 정치와 군사 분야는 지금도 미국의 영향권 안에 있다. 가깝게는 미국의 무기를 강매에 가깝게 구매하는 것이 어제의 뉴스였고, 멀게는 미 정부의 도청 리스트에 한국 정상도 있다는 점이 최근의 뉴스다. 이런 상황에서 미국에 대한 배척은 답이 아니다.

하지만 중국이나 러시아 등과 포괄적인 협력관계는 유지해야 한다. 아니, 한발 더 나아가 협력에서 한 층 격상되어야 한다. 동반자, 파트너십, 전략적 협력 같은 외교적 수사가 아닌, 서로 경제 교류 이상의 협력을 주어야 한다. 문화적 교류는 물론이고, 통화 스와프 같은 제도라도 만들어 볼 필요가 있다. 최근 열린 ASEM 외무장관 회의에서도 강남 스타일이나 떠들고 창조경제라고 할 게 아니라, 원조와 투자를 무기 삼아 적극적인 대화를 이끌어 냈어야 했다.

동북아 균형자론. 해묵은 지난 정부 이야기 같지만 오히려 이게 정답일 수 있다. 말이 거칠 수 있지만 미·중·일·러는 외세요, 열강이다. 열강과의 균형이 없이는 한반도 신뢰프로세스의 전제 자체가 성립하지 않는다. 병자호란에서도 마찬가지였다. 청나라와 명나라 사이에서 갈등하던 사이, 우리는 독립국으로서의 자주권을 잃어버렸다. 정도는 다르겠지만, 지금의 한반도 상황 역시 17세기의 맥락과 크게 다르지는 않다.

연습유제 1-1

줄리아 스웨이그 미국 외교관계위원회(CFR) 이사는 2006년 낸 저서 〈오발(誤發·Friendly Fire): 반미의 세기에 친구 잃고 적 만들기〉에서 한국인들의 미국에 대한 시각을 7가지 단어로 적시했다. 미국에 연대하자는 '연미(聯美·Associate with America)', 미국에 저항하는 시각인 '항미(抗美·Resist America)', 미국 혐오의 '혐미(嫌美·loathe America)', 미국에 찬성하는 '친미(親美·Pro-America)', 미국에 반대하는 '반미(反美·Anti-America)', 미국을 이용하자는 '용미(用美·Use America)', 미국을 숭상하는 '숭미(崇美·Worship America)' 등이다. 현재 우리에게 맞는 대미관(對美觀)은 무엇인가?

[2009 매일경제 변형]

연습유제 1-2

도널드 트럼프 전 미국 대통령은 자신이 신속하게 우크라이나 전쟁을 끝낼 수 있다고 밝혔다. 이에 대한 자신의 의견을 쓰라.

[예상문제]

📢 **연습유제 1-3**

지금의 한국 외교는 구한말과 비슷한 상황이라는 말이 많다. 한국 외교가 나아가야 할 방향에 대해 논하라.

[2015 매일경제 변형]

📢 **연습유제 1-4**

병자호란 당시 결전을 주장하는 김상헌과 화친을 주장하는 최명길의 주장은 팽팽했다. 결국 최명길의 뜻대로 화친이 이뤄졌다. 하지만 이후 최명길은 명나라에 서신을 보내다 청나라로 압송돼 감옥에 가는 신세가 되기도 한다. 김상헌의 입장에서 그 때의 조선과 지금의 대한민국에 대해 최명길에게 쓰는 편지를 쓰라.

[2017 중앙일보·JTBC 변형]

논제 2

2012년 7월부터 세종특별자치시가 공식 출범했다. 지역균형발전이라는 목적이 있었지만, 서울과 세종시를 오가는 비효율과 공무원의 삶의 질에 대한 문제가 제기됐다. 오늘날 세종시 문제의 이유와 해결 방안은 무엇일까?

[2013 SBS 변형]

수험생 답안

히말라야산을 오르던 등반대가 셰르파 요구로 휴식을 취하면 한국 등반대는 "짜르디 짜르디(빨리빨리)"를 외치는 게 다반사다. 그러면 현지 셰르파는 "비스따리 비스따리(천천히 천천히)"라고 대답한다. 영혼이 따라오지 못했으니 이를 기다려야 한다는 뜻이다. 행정복합도시 세종시 체제도 마찬가지다. 세종시에는 지난해 국무총리실을 시작으로 올해는 고용부 등 18개 기관이 이전했다. 내년에는 국세청 등 6개 기관이 내려온다. 그러나 부처 이전만 급속도로 추진됐다. 일하는 방식은 과거 그대로다. 국회 회기 중에 장관이 국회에 출석하면 국장, 과장 등 실무자들까지 줄줄이 국회로 가야 했다. 올해 세종청사에서 열린 국감은 20일 중 3일에 불과했다. 셰르파의 말에 빗대자면, 몸만 왔지 영혼 없는 행정도시인 셈이다.

세종시가 오히려 국가 행정의 걸림돌이 됐다. 2014년 공무원 인식 조사에 따르면 세종시 부처 소속 공무원의 84%가 이전 이후 행정 효율성이 낮아졌다고 응답했다. 공무원을 일하게 하는 시스템이 제대로 작동되지 않기 때문이다. 국무회의를 비롯한 정부 부처 간 공식회의 등은 여전히 서울에서 열리고 있다.

물론 정부는 세종시의 비효율성을 방지하기 위해 화상회의나 전화회의 등을 활용하겠다고 발표했다. 그러나 고위층이 불편해하니 시스템은 있으나마나다. 서울 여의도 국회와 정부세종청사를 연결한 화상회의 시스템은 국감기간에도 전혀 활용되지 못했다. 국회 기획재정위 대회의실과 세종청사를 연결해놓은 1회선 시범망에는 먼지만 쌓였다. 결국 불편을 감수해야 하는 쪽은 하위직 공무원이었다. 이들은 서울과 세종시를 수시로 오가고 있다.

　체제가 바뀌면 일하는 방식도 혁신돼야 한다. 현재 정부는 행정기관이 본과 베를린으로 분산된 독일을 벤치마킹해 원격 화상회의 시스템만 잔뜩 구축해 놓았다. 중요한 건 시스템이 아니다. 독일 정부가 화상회의로 어떻게 부처 간 소통 능력을 키웠는지 들여다봐야 한다. 해답은 고위층의 인식 변화다. 고위 공직자나 국회의원들이 조금만 불편을 참으면 행정 능률을 획기적으로 높일 수 있다. 대면회의만 고집할 게 아니다. 국회회의라면 의원들은 여의도에서 따지고 총리와 장관들은 세종청사에서 답하면 된다. 총리가 세종청사에서 국무회의를 주재하면 관계자들은 화상에서 만나면 된다. 김대중 정부 말기에는 반 년간 격주로 화상 국무회의가 열렸다. 의지만 있으면 된다. '국무회의를 비롯한 정부 부처 간 공식회의의 30%는 화상회의로 한다.'라는 등 법령을 개정하면 더 큰 효과를 볼 수 있다. 법령을 실천하고 IT 시스템을 적극 활용하여 비효율적인 시스템을 개선해야 한다.

　'심시티(SimCity)'라는 도시 개발 시뮬레이션 게임이 있다. 이 게임은 도시에 건물만 잔뜩 세우지 않는다. 도시에 대한 진지한 성찰을 담는다는 평을 받고 있다. 정부도 세종시에 건물만 세우려고 해선 안 된다. 업무 비효율 등 1단계 이전기관 공무원들의 불만이 계속되는 상황에서 타 공무원들이 세종시 이주를 결정하는 것은 쉽지 않다. 새로운 체제를 어떻게 운영할지에 대한 깊은 고민이 필요하다. 새로운 행정체제와 적합한 운영방식이 작동돼야 진정한 '행정복합도시' 체제가 시작된다.

해설

말 장난. 필자는 이 수험생에게 꽤 센 이야기를 했다. 이유는 뻔해 보이는 비유로 시작해, 공자님 말씀 같은 설명을 곁들인 뒤, '화상 국무회의가 정답이다.'라는 이야기를 대안으로 댄다. 그게 대안인가. 화상회의로 소통능력을 키우는 것이 세종시 문제의 해결책이라면, 이미 지금도 기술적으로 화상회의가 다 되어 있는데 무슨 대안이 필요하겠나. 기업에서는 해외지사들과 컨퍼런스콜을 꾸준히 하고 있다.

그리고는 결론은 게임 이야기다. 그것도 고전 중의 고전 심시티. 심시티 이야기를 1개 문단이나 한 것은 "새로운 행정체제에 적합한 운영방식을 고민해야 한다."라는 말을 하기 위해서 꺼냈다. 처음에 심시티를 꺼내는 것을 본 필자는 뭔가 재밌는 이야기를 할 줄 알고 기대했지만, 실망할 수밖에 없었다.

우선 가장 큰 문제점은 '잔재주'를 부리는 것이다. 흔히 글쓰기 연습을 대충, 그리고 오래 했을 때 나오는 오류라 할 수 있다. 글을 쓸 때 무엇을 쓸지, 즉 문제의 원인 분석(본론 1)과 대안 제시(본론 2)에 대한 고민을 하지 않은 것 같다. 서론에 내가 스터디에서 공부했던 이야기를 쓰고, 결론에는 딱히 쓸 게 없으니 심시티 이야기를 비유처럼 내세워서 '운용의 묘가 중요하다.'라는 식의 강조를 하고 싶었던 것으로 보인다. 하지만 이런 식의 구성은 논점이 구체화되지 않는 것은 물론, 대안의 설득력을 가져올 수도 없다는 문제가 있다.

2가지를 제안해 볼 수 있다. 우선 자신만의 분석 틀이 있어야 한다는 점이다. 일단은 문제가 무엇이고, 왜 일어났는지를 구체화해야 한다. 하지만 모든 논술 문제나 시사 주제에서 문제점과 논점을 명확하게 제시하기란 어렵다. 따라서 자신만의 분석의 틀을 하나 상정해서 이를 바탕으로 분석을 하고, 대안을 제시하는 것이다. 수험생의 글은 '서울에서 먼 곳에 행정도시를 만들어 비효율 → 불편 가중 → 일하는 방식 개선되어야 한다.' 등으로 논리가 흐르고 있다. 하나마나한 소리들이다.

제대로 된 대안을 제시하는 것 역시 빼놓을 수 없다. 운용의 묘가 진정한 대안이 될 수 있을까. 오히려 필자는 더욱 적극적인 투자가 세종시 문제의 해결책이라고 보는 입장이다. 실제로 세종시는 현실이 됐다. 언론계에서도 세종시는 이제 생활의 일부가 됐다. 일부 기자들은 세종시 삶에 적응하고 만족해, 세종시에서 계속 남기 위해 세종시 정부부처 전문기자로 커리어를 설계하거나 이직까지 한다고 전해진다. 또한 정치권에서는 국회 세종 이전 등에 대한 논의가 나오기도 했다.

참신하게 쓰는 것에 대해서도 고민을 해야 한다. 대다수의 수험생의 답안은 '지역 균형 발전을 위해 비효율을 감수하고서라도 세종시를 존치해야 한다.', '세종시의 비효율은 정치 논리 때문으로, 지금이라도 역할 재조정이 필요하다.' 두 갈래로 흐를 가능성이 높다. 이를 피해야 한다.

수험생의 글을 바탕으로 첨삭을 한다면 아래와 같이 고쳐볼 수 있겠다. 고치다 보니 너무 파격적으로 구성했는데, 수험생 스스로가 어느 정도 감안을 하고 음미하기를 바란다.

새로운 답안

지역균형발전은 환상이다. 적어도 지금처럼 서울에 정치·경제·사회·문화적 권력이 과도하게 쏠려있는 현실에서는 말이다. 지역이라는 말은 서울에 의해 왜곡됐고, 타자화됐다. '지역주의', '민원성 예산', '생떼' 같은 단어를 곁들여 보면 금세 답이 나온다. 세종시를 지역발전의 프레임으로 보아서는 안되는 이유다. 공공기관 유치를 두고 지역 정치권에서 싸움을 하는 것과는 차원이 다른 문제다. 이미 결정된 현실이고, 어떻게든 성공을 시켜야 하는 매머드급 프로젝트다.

제2의 수도. 애초의 프레임을 떠올려야 한다. 브라질리아, 뉴델리, 워싱턴 D.C. 등 계획된 행정수도를 논하면서 말했던 해외의 사례들이다. 이들 도시를 만들기 위해 그 나라들이 지출한 소비와 우리가 세종시에 들인 노력을 비교해 보자. 가까이에도 사례가 있다. 강남이 그렇다. 계획된 개발로 시작된 강남 열풍은 한국의 대표적인 다운타운을 만들었다. 강남 개발에 쓴 노력을 반만 쓴다면 세종시가 광역시 이상으로 발전하는 것은 어렵지 않다. 과감한 부처 이전과 지속적인 투자만이 필요하다.

국가 행정의 걸림돌이라는 논의 역시 근시안적인 복지부동 입장에 불과하다. 지금 세종시는 불편하다. 누구나 그 말을 안다. 효율성이 떨어지는 것도 사실이다. 하지만 왜 그런가? 서울 때문이다. 대한민국은 조선시대부터 서울을 중심으로 발전해 왔다. 해방 이후만 따지더라도 60년간 서울 시내에 인구의 20% 이상이 살고, 자본의 50% 이상이 집중돼 왔다. 이런 상황에서 어느 정도 생활권의 차이로 인한 불편함은 불가피하다.

불평만 할 것이 아니라 이유를 찾아 고치면 될 일이다. 도시의 자족기능을 높이고, 10년 대계로 바라보고 인프라를 깔면 된다. 서울과 춘천을 1시간대에 주파할 수 있게 된 것은 대표적인 벤치마크 케이스다. 서울 – 춘천 고속도로가 생기고, 전철과 ITX가 두 도시를 잇는다. 이제는 강원도 춘천시가 경기도급으로 인식되고 있다. 세종시라고 해서 못할 것이 없다.

또한 10년 이상을 바라보고 진행한 신행정수도급 프로젝트를 단지 1년 반 만에 실패로 규정짓는 것은 난센스다. 서울에 있는 국회를 오가느라 공무원들이 힘들다는 논의가 대표적이다. 서울에 있는 국회에 뭐 그리 자주 와야 한단 말인가. 국정감사 보고를 한다고 모든 실국장이 스탠바이를 할 필요가 있는가. 충분히 운용의 묘를 살려서 해결할 수 있는 것들이다. 화상회의가 불편하고 출장비가 많이 든다는 비난도 있지만, 도시의 자족기능과 세종시 이전 기관의 권한을 높이면 될 일이다. 또한 지구촌 시대에 기업들은 매일 해외법인과 컨퍼런스콜을 하고 있는데 화상회의의 문제점을 지적하는 것 역시 웃기는 노릇이다.

설명이 너무 길었다. 결론을 말하자면, 세종시에는 다른 것은 필요 없다. 파격적인 투자와 시간만이 필요하다. 90년대 대전청사를 지었을 당시 한 신문기사를 떠올리면 금세 답이 나온다. 병무청 등 외청들이 입주했을 당시 "우리만 왕따 당하는 것 아닌가.", "준정부기관이나 독립 기관으로 격하될 우려" 등의 비판 기사가 쏟아져 나왔다. 20년 뒤, 지속적인 투자가 있는 세종시의 모습은 어떨까. 공정거래위원회에 서면을 제출하려는 기업인들의 방문이 줄잇고, 회의를 하러 세종시를 찾는 사람들이 많아진다. 직선화 고속도로가 생겨 2시간이면 세종시를 방문하게 된다. 우리는 지난 시절의 '세종시 비효율' 논의를 잊어버린다. 그러기 위해서는 오직 투자, 투자가 필요하다.

연습유제 2

역대 정부가 수도권 집중 현상을 억제하기 위해 다양한 노력을 했지만 해결되고 있지 않다. 한국의 현대사적 측면에서 봤을 때, 수도권 집중현상의 내용과 문제점은 무엇인지 논하라. 또한 지역균형 발전의 당위성을 경제·환경·사회 형평 측면에서 분석하라.

[2012 울산MBC 변형]

연습유제 2-1

가덕도 신공항

[예상문제]

연습유제 2-2

2024년 9월 부산과 경남 등 남부 지역에는 '극한 호우'로 인해 피해가 극심했다. 기후재난에 대한 본인의 의견을 쓰라.

[예상문제]

논제 3

신문의 위기가 심화되고 있다. 이미 한국 언론에서는 100만 부 이상 유료 부수 신문이 거의 사라진 상태다. 게다가 지난 2013년 8월 미국 유력지 워싱턴포스트가 136년의 역사를 뒤로하고 '아마존'의 CEO 제프 베조스에게 2억 5,000만 달러에 팔리면서, 언론계 종사자들 사이에서는 신문의 미래가 없다는 이야기까지 나왔다. 하지만 워싱턴포스트의 마틴 배런 전 편집국장은 낙관론을 내놨었다. "사람들은 종이 신문이 위기에 처해 있고, 많은 도전에 직면해 있다고 하지만, 독자의 요구에 맞게 변화를 거듭하고 있어 미래는 낙관적이다."라고 말이다. 신문이 위기에 있는 것은 자명해 보인다. 하지만 기회일 수도 있다. 어떻게 돌파할 수 있을까?

[예상문제]

수험생 답안

1980년대 미국에는 '비디오가 라디오 스타를 죽인다(Video Killed The Radio Star)'는 노래가 유행했다. 라디오 대신 TV가 가정에 자리잡았으니 목소리만 좋은 배우는 살아남지 못하게 됐다는 뜻이다. 그런데 이 예측은 틀렸다. 최강희, 유희열, 박명수 등 솜씨 좋은 엔터테이너들이 경계를 넘나들며 활약하다가 옛 라디오 스타의 자리를 맡게 됐기 때문이다. 라디오의 인기는 식긴 했어도 죽지 않았다.

인터넷과 스마트폰, PC의 보급으로 신문과 방송의 인기는 식고 있다. 2002년 유료 부수 발행 수가 175만 부에 달했던 조선일보는 2012년 135만 부를 기록했다. 10년 만에 40만 부 이상 줄어든 것이다. 발행 부수가 줄어들고 광고 수익까지 떨어지고 있다. 2011년에는 온라인 뉴스 이용자가 신문 구독자 수를 넘어섰다. 언론이 단순히 포털을 견제해서는 더 이상 인터넷 사용자의 기사 수요를 막을 수 없어 보인다. 특히 SNS, 블로그 사용자가 실시간으로 뉴스를 재생산해 언론의 역할을 점거해 나가는 상황이어서 더 이상 언론만이 뉴스의 최강자를 고집할 수도 없다. 기사 한 건에 비례해 구독료를 챙기는 식의 관행으로는 더 이상 언론 수익을 보전할 수 없다.

이 상황을 타개하려면 언론 자신의 상품성을 변화시켜야 한다. 사실 올드미디어의 인기가 떨어진 것은 콘텐츠에 접근할 수 있는 수단이 다양화됐기 때문이다. 한 가정이 1~2부의 신문으로 정보를 습득하던 것과 달리 지금의 신문 기사는 인터넷에 다른 뉴스와 함께 동일선상에 게재돼 서로 비교된다. 인터넷 이용 독자가 보기에 신문 기사 모두가 거기서 거기라면 특별히 한 신문에 애착을 가지고 구독할 필요가 없다. 플랫폼이 한정된 덕분에 유지되던 배제성이 인터넷이라는 새 플랫폼의 등장으로 허물어진 것이다.

따라서 올드미디어가 살아남으려면 독자가 그를 선택할 수밖에 없는 새로운 이유를 만들어야 한다. 남이 대신할 수 없는 콘텐츠로 차별화해야 한다. 실제로 매출 추락을 거듭하던 뉴욕타임스는 최근 들어 구독자 감소율이 늦춰지고, 구독료 수입이 광고 수입액을 넘어섰다. 전 해에 비해 광고 수입이 10% 이상 떨어지는 바람에 전체 매출은 감소했지만, 덕분에 오히려 광고주의 눈치를 덜 봐도 되는 환경이 조성된 것이다. 질 좋은 기사와 깊이 있는 보도로 좋은 기사를 만들어내고, 질 높은 콘텐츠를 내세워 유료 독자를 확보하겠다는 것이 뉴욕타임스의 최근 전략이다. 온라인 구독자 수가 꾸준히 늘어나는 것을 보면 타진할 만하다.

'세계 최고의 저널리즘(World's finest journalism)'. 질 좋은 콘텐츠로 살아남기 전략을 몸소 실천하고 있는 미국 뉴욕타임스는 이런 캐치프레이즈를 내건다. 콘텐츠에 자신이 있기에 온라인 구독자 확보에 사활을 걸 수 있는 것이다. 우리의 올드미디어 유료 부수가 줄어들어 광고 수익원을 장담할 수 없게 된 이상 이들과 같은 길을 걸어야 한다. 독자의 구미를 당겨야 한다. 최강희, 유희열, 박명수보다 더 재미있고 실(實)한 콘텐츠를 만들어 낸다면 올드미디어도 살아남을 수 있을 것이다. 좋은 뉴스콘텐츠에 대한 독자의 열망만큼은 SNS나 블로그, 타블로이드 뉴스매체가 대신 채워줄 수 없기 때문이다.

해설

고전을 넘어서 '사골'에 가까울 정도로 많이 우려먹은 문제다. 하지만 또 나온다. 2016년 매일신문에도 출제됐고, 앞으로도 또 나올 것이다.

신문은 10년 전부터 위기였다. 한 신문사 임원은 "내가 수습 때(24년 전)부터 신문은 위기였다."라는 농담을 하기도 했다. 신문의 위기는 2002년 월드컵이 끝나면서부터로 보는 것이 맞겠다. 2002년은 신문업계의 마지막 르네상스였다. 그때나 지금이나 발행 부수 1위 신문인 조선일보는 2002년 매출액으로 4,817억 원을 기록했다.

신문업계 매출 '마의 벽'인 5,000억 원의 꿈은 이후 사라졌다. 조선일보는 물론이고, 중앙일보, 동아일보 등 메이저 신문들조차도 광고가 꾸준히 감소하고 있다. 다른 신문들 역시 상황이 다르지는 않다. 지금도 많은 신문이 매년 임금협상을 하면서 '광고 수주의 급감'을 이유로 임금을 동결하거나 물가 인상률 정도만 올려주려는 양태를 보이고 있기도 하다.

하지만 광고가 줄어든다는 이유로 신문의 위기를 말하기에는 입맛이 쓰다. 그렇다면 당신은 왜 신문사에 지원했는가. 지하철 2호선 타듯, 어느 언론사라도 가고 싶어서 인가. 그것을 답안지에 드러낸다면, 당신은 영원한 수험생으로 남을지도 모른다. 이에 대해 장혁진 전 중앙일보 기자(현 KBS 기자)는 "어둡다는 현실을 인정하되, 그래도 찾을 수 있는 희망을 제시해 보는 것이 어떠한가?"라고 반문했다. 장밋빛 현상이나 청사진 보다는, 현실적인 대안이 더 좋은 점수를 받을 수 있다는 뜻이다.

일부 학생들은 인터넷 미디어의 시대라며 신문지면을 무작정 폄훼하는 논술문을 쓰기도 한다. 해외 학자나 연구자들의 주장을 무분별하게 인용해서 그렇다. 2020년에는 종이신문이 사라진다는 예측이 대표적이다. 처음 이 교재를 집필한 시점이 2014년 중순인데, 5년 뒤인 2019년 중순에는 종이신문이 사라지는 것이 눈에 띄어야 할 것이다. 장담하건대 그럴 일은 없다. 하지만 일부 신문이 폐업할 수는 있을 것이다.

설사 그렇게 된다고 하더라도 신문의 미래가 없는 것은 아니다. 아이패드로, 새로운 휴대 디바이스로 뉴스를 접하게 된다고 하더라도, 누군가는 기사를 써야 한다. 게다가 모바일 시대에서는 의외로 텍스트를 많이 보게 된다. 따라서 신문기자라는 직업은 없어질 가능성이 별로 없다. 물론 사견이다.

언론인을 꿈꾸는 카페 아랑에 한 회원이 올려놓은 댓글을 보면, 매체 소속 전업 기자로서 지면에 대한 현 주소를 보여 주기도 한다. 댓글 원문을 인용[9]하면 이렇다.

"2000년 이후 정말 수많은 인터넷매체가 탄생하고 사라졌지만, 이들 매체 중 현재 중앙 언론사로 출입처에서 제대로 인정받는 곳은 사실 손에 꼽습니다. 특히 지면을 만들지 않는 순수 인터넷매체 중에 각 출입처에서 제대로 인정받는 곳은 거의 없다고 봐도 무방할 정도죠. 일단 지면이 안 나오면 타사 동료 기자들도 해당매체의 기사를 거의 읽지 않으니까요. 아침마다 쏟아지는 지면매체 기사만 체크하기도 사실 버겁죠. 대부분 출입처에서도 지면이 안 나오는 매체는 스크랩을 안 하고요. 얼마나 많이 읽는지도 중요하지만 누가 읽고 그 매체를 제대로 인지하고 읽는지 여부도 중요한 것 같습니다."

---

9) http://cafe.daum.net/forjournalists/DY4T/40357

이 댓글에서는 신문의 미래와 관련된 논술에서 생각해 볼 수 있는 포인트를 3가지나 찾아볼 수 있다. ① 누가 읽는지가 중요하다. ② 인정받는다는 점(신뢰)이 강점이다. ③ 정보는 쏟아지고 있다. 이런 느낌을 바탕으로 새로운 답안을 제시해 봤다. 사보에서 읽었던 글을 인용[10], 수험 스타일로 새로 썼다. 구체적인 대안이 부족해 아쉽기는 하다. 하긴, 신문의 위기에 대해 구체적인 대안을 낼 수 있다면 내가 매체를 창간하지 않았을까?

새로운 답안

2008년. 리먼브러더스의 파산으로 시작된 금융위기는 신문산업에도 직격탄을 날렸다. 불과 1년 전까지만 하더라도 신문 업계의 지각변동을 M&A 정도로만 인식했었다. 미디어 M&A 전문기업 밴 에센(Van Essen)의 집계에 따르면, 2012~2013년 미국의 일간지 100여 곳이 매물로 나왔다. 2007년 미국의 부동산 부호 샘 젤이 LA타임스와 시카고 트리뷴을 보유한 트리뷴 컴퍼니를 3억 달러에 인수한 것이 대표적이다. 언론 재벌 루퍼트 머독은 월스트리트저널의 모회사 다우존스를 50억 달러에 사겠다고 했다.

하지만 2008년 이후 신문업계의 온도는 달라졌다. 워싱턴포스트(WP)가 아마존의 설립자 제프 베조스에게, 그것도 단돈 2,500만 달러에 매각되면서다. 뉴욕타임스와 더불어 미국 양대 권위지로 꼽히는 WP를 키워 온 것은 그레이엄 가문이다. 편집권 독립을 보장하고, 미국 권위지의 입지를 보장할 수 있도록 과감한 투자를 해온 장본인이다. 뉴미디어에 대한 투자도 아낌없었다. 돈 그레이엄은 "쏟아지는 문제에 대한 답이 없었기 때문에" 매각한다고 밝혔다.

---

10) "변화·창조·담대함으로 '미디어 빅뱅' 넘자.", 중앙사보 1139호 2013. 9. 2, 1면(박장희) 인용

WP는 신뢰와 권위라는 두 가지 무기가 있었다. 하지만 플랫폼과 유통이라는 측면에서 전략적 매각을 결정했다. 온라인 서점에서 출발한 아마존은 오늘날 세계 주요 인터넷 유통망으로 발전했다. 전세계에서 쉽고 빠르게 접속할 수 있는 디지털 유통망을 구축해 클라우드 컴퓨팅, 디지털 콘텐츠 유통, 하드카피 서적 유통의 혁신 등을 이뤄냈다. 초기에는 물류에 대한 이중 투자로 인한 자기시장잠식(Cannibalization)으로 비난받기도 했지만, 결과는 베조스의 통찰력과 실행력으로 인한 혁신과 수익 증대였다.

신문의 미래에 대한 해답도 비슷한 측면에서 생각해 볼 수 있을 것이다. 신문산업의 종말이 다가오고 있다. 적어도 지면이라는 플랫폼에서는 말이다. 오늘날 콘텐츠 소비자들은 문자보다 동영상에 몰리고, 무료로 여러 가지 뉴스를 소비하고 싶어한다. 뉴스를 바탕으로 인터넷 게시판에서 댓글 전쟁을 벌이기도 하고, 이는 오프라인에서 집단 행동으로 나타난다.

한국을 비롯한 많은 국가의 신문사들은 인터넷이라는 공론장의 의미를 제대로 파악하지 못했다. 인터넷 포털이 발달하면서 '지면도 있고 인터넷도 있다.'라는 식으로 뉴스를 공급할 다른 창구 정도로 인식한 것은 뼈아픈 실수였다. 모든 시민이 트위터를 통해 기자가 되고, 뉴스의 감시자가 되는 시대가 됐다. '우리는 기사 쓰고 너희는 읽는다.'라는 식의 패러다임을 버려야 한다.

한국에서도 디지털 뉴스 혁신 시도가 꽤 있었지만 수익 측면에서 미미한 것은 엄연한 한계점이다. 시민기자제를 선도한 한국의 오마이뉴스 모델, 다양한 전문 필진을 활용한 미국의 허핑턴포스트 모델, 라이브 팟캐스트 유료화 등 다양한 수익 모델이 제시됐지만, 신문 광고의 급감을 타개하는 대안으로 떠오르는 것에는 부족했다. 국내 일부 신문에서는 그나마 이전에 폐지했던 가판신문 제도를 인터넷 프리미엄 서비스라고 부활시켜 '유료화'를 해낸 것이 전부다.

베조스의 인수 이후 워싱턴포스트는 디지털 측면에서 많은 성과를 거뒀다. 디지털 뉴스를 위한 콘텐츠매니지먼트시스템(CMS) '아크 퍼블리싱'을 만들고 디지털 전환에 성공했고, 이 툴을 전 세계 언론사에 판매해 부가 수익도 누리고 있다. 디지털독자를 육성해 새로운 수익원으로 발굴했다. 그리고 신뢰라는 근본 가치는 잘 계승하고 있다. 물론 아무 언론이나 세계 최고 부호를 사주로 맞이할 수는 없겠지만, 적어도 노력이라는 측면에서 우리가 워싱턴포스트에 비해 얼마나 변화의 몸부림을 쳤는지는 돌아볼 필요가 있겠다.

연습유제 3-1

종이신문의 활용범위는 넓다. 매일 아침 시사정보를 얻는 것에서 시작, 취업을 위한 지식 함양, 여행이나 라이프스타일 관련 트렌드 따라잡기 등 다양하다. 오늘 필기시험에 응시한 수험생들은 종이신문을 어디서 어떻게 보면서 활용하는지 상세하고 구체적으로 쓰라.

[2013 국민일보 변형]

연습유제 3-2

네이버가 언론계를 좌지우지하는 시대가 됐다. 어떤 대기업에서는 네이버에 기사가 노출되는지 여부를 두고 군소 언론사의 출입기자 등록 여부를 결정한다고 한다. 어뷰징 역시 큰 문제다. 기자협회보는 1면 톱 기사를 통해 검색어의 노예가 된 인턴기자들의 삶을 다뤘다. 네이버에서 검색 클릭수를 잡기 위해 실시간 검색어에 따라 쓰레기 기사를 양산하는 인턴들의 문제를 비판했다. 인터넷 시대의 개막과 더불어 언론은 네이버의 효과를 톡톡히 누렸지만, 언론의 기능이 포털에 종속된다는 우려도 많다. 바람직한 온라인 뉴스 유통 구조에 대해 논하라.

[예상문제]

연습유제 3-3

손석희 JTBC 사장은 "로봇이 기사를 쓴다는 것은 기사가 정형화되어 있다는 것이다. 기자들이 정형화되지 않은 기사를 써야 한다. JTBC 기자들은 로봇이 기사를 못 쓰게 하는 데에 전력을 다하겠다."라고 말했다. 바둑계에서는 알파고가 이세돌 9단을 이겼던 사건을 빗대 '알사범'이라는 단어가 퍼졌다. 로봇 저널리즘에 대해 자유롭게 논하라.

[예상문제]

연습유제 3-4

2021년 신문의 날 표어는 '신문이 말하는 진실은 검색창보다 깊습니다.'이다. 이에 대해 논하라.

[예상문제]

연습유제 3-5

뉴미디어 시대에 지역 언론이 나아가야 할 방향에 대해 자유롭게 쓰라.

[2017 TJB 변형]

논제 4

종합편성채널이 출범한 지 10년이 됐다. 종합편성채널의 현재와 미래에 대해 논하라.

[2013 TV조선 동계인턴 변형]

수험생 답안

젊은 세대는 어둠의 경로로 방송 프로그램을 주로 본다. 동영상 사이트에서 방송을 공짜로 볼 수 있다. 화질이 딱히 문제 될 건 없다. 스마트폰으로 보기 때문이다. 이들은 통상 시청률에 잡히지 않는 시청자다. 최근 시청률의 대안으로 떠오른 VOD 집계횟수에도 제외된다. 방송을 스마트폰이나 노트북으로 언제 어디서나 비공식적인 방법을 통해 볼 수 있다. 이는 방송산업에 악재다. 특히 종편은 지상파에 비해 더 느끼는 부담이 더 크다. 여전히 시청률 상위 20위는 모두 지상파가 장악했다.

종편은 프로그램이 히트를 쳐도 광고 수입이 좀체 늘지 않는 편이다. 시청자들이 주로 시청률에 잡히지 않는 경로로 콘텐츠를 소비하기 때문이다. JTBC는 20, 30대를 주요 타깃으로 잡아 다른 종편에 비해 성공한 편이다. 지상파가 다루지 않은 부분을 건드리는 타깃팅 전략이 유효했다. 하지만 〈마녀사냥〉은 가구 시청률이 1.6%였다. VOD 시청자는 대략 두 달간 240만이 시청하는 걸로 잡혔다. 시청률 17%의 〈별에서 온 그대〉보다 VOD 시청순위에서는 더 높았다. VOD 한건에 천 원으로 한 달간 12억 가량 벌수는 있다. 다만 VOD 시청에는 광고가 들어가지 않는다. 동영상 사이트에서 시청한 것은 VOD 집계에도 제외된다. 젊은 층을 타깃팅해서는 콘텐츠가 곧장 수익으로 연결되기 어려운 실정이다.

물론 종편이 시청률에 기반해 광고를 받아 돈을 벌지 못하는 건 아니다. MBN의 예능 〈황금알, 아궁이, 동치미〉는 시청률이 4% 남짓이다. 채널A의 〈먹거리 X파일〉 또한 3% 시청률이다. 콘텐츠 제작에 투입할 자본금이 부족한 종편들은 일명 한물 간 연예인들을 모아 토크쇼를 펼치는 '떼토크'를 주로 선보인다. 저비용으로 적당한 시청률만 나오면 수익이 생긴다. 하지만 이는 종편이 다양한 양질의 콘텐츠를 시청자에게 제공하겠다는 약속과 어긋난다. 향후 미래에 방송 프로그램의 발전을 기대하기도 어렵다.

돈을 푼다면 종편도 지상파와 싸움이 가능하다. JTBC는 김수현 작가를 영입해 〈무자식 상팔자〉를 만들었다. 지상파가 장악한 가족드라마와 대결하여 11%의 시청률을 찍었다. 비용이 문제다. 김수현 작가에게 지불하는 돈이 회당 수천만 원대다. 차기작품으로 내세운 〈밀회〉는 언론과 SNS에서 수많은 호평에도 불구하고 드라마 시청률은 5%로 주간 시청률 순위 20등 안에 들지 못했다. VOD 순위는 1위였다. 방송국의 수익은 주로 광고다. VOD 구매에 기대어서는 돈을 많이 벌기 힘들다.

시청자를 끌어들일 높은 수준의 콘텐츠를 생산하려면 우선 돈이 있어야 한다. 〈뉴스룸〉, 〈히든싱어〉, 〈무자식 상팔자〉까지. JTBC는 고액의 계약금으로 인재를 영입하고 콘텐츠 개발에 돈을 아끼지 않았다. 광고 수입을 올리려면 종편은 VOD 순위 등으로 광고 단가를 책정해야 할 필요가 있다. 천 원의 VOD 시청비용을 없애고 VOD에 광고를 끼우는 방안도 있다. 비공식적인 경로로 방송 프로그램을 시청하는 행태를 막는 것은 물론이다. 좋은 콘텐츠를 만들고, 합당한 돈을 받아야 한다. 그래야 지상파에 버금가는 프로그램이 계속 나올 수 있다. 돈이 있어야 종편에 미래가 있다.

해설

이 책을 처음 쓸 때만 하더라도 종합편성채널에 대해 비판적인 수험생들이 많아 문제를 만들면서 고민이 많았다. JTBC 설립추진단에서 근무한 경력을 살려 과거를 반추해 본다면, 종편은 새로움으로 활로를 찾을 수밖에 없었다. 기존의 지상파 체계가 견고한 상황에서 신생 방송사가 할 수 있는 방법은 차별화밖에 없었다. 지상파 등의 텃세도 적지 않았다. 종편은 풀(Pool)에 넣어주지 않거나 기자단 가입이 어려운 등 애로가 많았다.

하지만 넷플릭스와 유튜브 등 다매체 시대로 급변하고, 모든 방송이 공개경쟁을 하는 형태로 시장이 완전히 재편됐다. 또한 케이블TV만 놓고 보더라도 TV조선이 2020년을 전후해 트로트 시리즈로 방송 예능판을 완전히 장악해 버렸다. 아버님 어머님 세대 위주가 많다는 비판도 없지 않지만 어쨌거나 30%대를 찍는 시청률은 어마어마하다.

이번 문제는 단순히 TV조선의 맥락에서만 출제되지 않는다. 종편 4사가 각자의 맥락에서 출제할 가능성이 있다. 지상파는 지상파 나름대로 종편들의 추격에 대처하는 지상파의 전략에 대해 출제할 가능성도 있다.

논제에서는 종합편성채널의 현재와 미래를 논하라고 제시돼 있다. 하지만 이 수험생은 아래와 같은 논리를 전개하고 있다.

지상파가 시청률을 장악했다.
→ 종편의 광고 수입은 적다.
→ 저비용 고효율의 '떼토크' 등으로 돈을 벌기는 하지만 장기적으로는 부적절하다.
→ 돈을 푼다면 지상파와 경쟁이 가능하다.
→ 돈이 있어야 한다.

편향적 사고를 갖고, 종편에 대해 제대로 알아보지 못한 수험생들이 쓰는 전형적인 답안이다. 물론 일견 타당한 점도 없지는 않겠지만. JTBC〈밀회〉의 회당 제작비가 얼마인지 생각도 못 해봤다는 느낌이 든다.

개국 전에는 모기업 신문들에서 시작한 장밋빛 전망이 가득했고, 개국 후에는 광고 시장의 저조함으로 인해 반대 진영에서 폄훼를 받으며 고군분투했던 종편들. 하지만 개국 5년을 맞은 지금은 저마다의 색깔과 생존 전략을 굳혀가고 있다. 이런 움직임을 못 본 체하고 '돈이 있어야 미래가 있다.'라는 식으로 뭉개버려서는 결코 좋은 점수가 나올 수 없다.

필자가 제시한 새로운 답안은 충실히 현재를 평가하고 미래에 대해 전망하는 것에 초점을 맞췄다. 하지만 수험생 여러분들이 지원하는 종편에 대해 애정을 갖고, 자신만의 대안을 하나씩 제언 형식으로 내밀어 보는 것도 하나의 방법이다.

수험생의 답안에서는 오자도 눈에 보인다. '올릴려면'이 아니고 '올리려면'이다.

새로운 답안

　진짜로 종편이 '종편'이 아닌 시대가 됐다. 종합편성채널이 처음 등장했을 때만 하더라도 반대론자들을 중심으로 종편채널을 폄하하기 위해 '종편'이라는 단어를 많이 사용했다. 그런데 시청률이 높아지고 종편 4사에서 대박 콘텐츠를 내놓으면서 종편 프레임도 자연스레 소멸됐다. 최순실 게이트 사태 때 TV조선이나 팽목항에서 JTBC 기자들의 맹활약 같은 사례가 큰 도움이 됐다. 예능에서도 〈미스트롯〉이 30%대의 시청률을 기록하기도 했다.

　〈히든싱어〉 같은 메가 히트 작품이 나오기 전까지, 종편의 살길은 제작비 절감이 전부였다. 이 때문에 예능에서는 중년 연예인들이 가득한 '떼토크'가 인기였고, MBN의 〈황금알〉, 〈아궁이〉, 〈엄지의 제왕〉 등이 저비용 고효율 프로그램으로 자리매김했다. 하지만 종편의 광고가 약간은 살아나고, 퀄리티 있는 프로그램이 인기를 끌면서 쇠퇴하는 느낌이다.

　저비용 고효율이 방송업계의 표준이 된 사례도 있다. 낮 시간대 종편을 가득 채웠던 정치토크 프로그램들이다. 채널A의 〈쾌도난마〉에서 시작한 정치토크들은 오늘날 평일 오후 시간대를 점령했다. 뒤늦게 지상파 채널들이 여성·청년 정치인들을 내세워 정치토크를 해보지만 어림없다.

　물론 아직 아쉬운 점이 없지는 않다. 〈스카이 캐슬〉, 〈미스트롯〉 등 다양한 대작들이 나오고 있지만, 아직까지 종편은 지상파에 비해 콘텐츠 다양성이 부족하다는 지적이 나오는 것도 엄연한 현실이다. 종편 출범 당시 각 사가 약속한 것을 떠올리면 아쉬움이 있다.

하지만 이 모든 공적이 한순간에 날아갈 수 있다는 점도 유의해야 한다. 5.18을 비하했던 방송이 그랬고, 막말 방송으로 인해 쏟아지는 지적들이 그렇다. 공든 탑이 한 방에 무너지지 않도록, 더 조심스럽게 하지만 더 치열하게 새 콘텐츠로 승부해야 한다. 그러면 지상파 3사 독과점을 깨고, 종편의 제4채널화, 제3채널 진입도 가능할 것이다.

연습유제 4-1

넷플릭스 등 OTT가 득세하는 시대다. 방송사업자의 생존전략에 대해 논하라.

[예상문제]

연습유제 4-2

지상파 3사의 선거 출구조사가 부정확하다는 지적이 있다. 수험생의 의견과 개선점, 대안 등을 논하라.

[예상문제]

연습유제 4-3

TV조선의 오늘과 내일

[2017 TV조선]

연습유제 4-4

방송가에 AI 기자와 AI 앵커가 꾸준히 늘어나고 있다. 10년 후 방송에서 인간 기자의 역할은 어떻게 변화할까.

[예상문제]

연습유제 4-5

흑백요리사가 주는 교훈

[예상문제]

논제 5

한때 인터넷에서 '오바마 한국 기자'라는 동영상이 회자가 된 적이 있다. 2010년 한국에서 열린 G20 정상회담 기자회견장에서, 버락 오바마 미국 대통령이 한국 기자에게 질문을 하라고, 한국어로 해도 좋다고 했지만 그 자리에 있던 한국 기자들 누구도 질문을 하지 못했던 것을 담았던 내용이다. 한국 기자들은 왜 질문을 하지 않을까?

[예상문제]

수험생 답안

질문하는 기자가 없다. 한국 언론의 문제 중 하나다. 최근 인터넷상에서 화제가 된 한 동영상이 이를 여과 없이 보여 준다. 동영상에서 미국 오바마 대통령은 기자회견을 마무리하며 특별히 한국 기자들에게 질문 기회를 주겠다고 말한다. 기자회견의 주제가 한국과 관련된 내용이었던 까닭이다. 그런데 아무도 나서서 질문하지 않는다. 장내에는 침묵이 흐르고, 이때 중국 CCTV의 기자가 손을 번쩍 든다. 오바마는 다시 한번 한국 기자에 한해 질문을 받겠다고 한다. 또 한번 침묵. 결국 중국 기자가 질문 기회를 얻었다.

기자가 질문하지 않는다는 것은 큰 문제다. 의문이 없다는 것은 곧 비판하지 않고 누군가 보여 주는 대로, 들리는 대로 받아들여 기사를 쓰겠다는 것과 다름없기 때문이다. 수동적인 태도다. 물론 기자들이 회견 내용을 열심히 받아 적느라 바빴을 수 있다. 아니면 세계의 언론이 주목하는 가운데 질문하는 것이 부끄러웠던 것일까. 기자들의 이러한 모습은 단지 위 사례뿐 아니라 여러 취재 현장에서 쉽게 찾아볼 수 있다.

정부나 기업의 발표를 그대로 받아 치거나, 그들이 제공한 보도자료만을 활용해 기사를 쓰는 것은 또 다른 문제를 파생한다. '오보'다. 최근 수면부족을 겪는 청소년의 50% 이상이 그 이유로 야동(야한 동영상) 시청을 꼽았다는 기사가 나왔다. 이는 물론 한국청소년정책연구원의 보도자료를 바탕으로 한 것이었다. 하루가 지나서 잘못된 정보로 밝혀졌다. 애초에 기자들이 이 자료에 대해서 의심을 갖고 추가 취재를 했더라면 오보를 막을 수 있지 않았을까? 뉴욕타임스의 데이비드 핼버스탬의 사례는 본보기가 될 만하다. 베트남 전쟁 당시, 미국 정부는 미군이 베트남의 공산화를 성공적으로 막고 있다고 공식 발표했다. 핼버스탬은 이를 그대로 받아들이지 않았다. 자신이 현장에서 취재한 내용과 달랐기 때문이다. 그는 정부 발표와 상반되는 기사를 썼고, 이를 계기로 미 정부에 대한 비판과 반전 여론이 확산됐다. 진실이 알려질 수 있는 계기는 기자의 비판의식에서 시작된다는 걸 보여주는 사례다. 핼버스탬이 정부 발표를 그대로 받아들였더라면 뉴욕타임스의 기사는 결과적으로 오보가 됐을 것이다.

물론 기자가 의심을 갖더라도 불가피하게 오보가 나는 경우가 있다. 이럴 때는 정정보도를 하면 된다. 그러나 한국 언론은 이마저 제대로 활용하고 있지 않다. 대다수의 신문이 내는 정정보도는 '바로잡습니다'라는 문구와 함께 기사 하단에 작게 찍혀 나온다. 기사의 헤드라인은 굵은 글씨로 잘 보이지만, 오보를 바로 잡는 기사는 눈에 잘 띄지 않는다. 사소한 문제라고 생각할 수 없다. 이는 곧 언론사의 신뢰도와 직결되기 때문이다. 스스로의 실수를 감추려고 하기 보다는 정정당당히 인정하고 반복하지 않을 때 독자는 그 언론사를 믿게 된다. 미국 탐사보도 전문매체인 프로퍼블리카는 관련 기사 맨 처음에 정정된 내용을 싣는다. 독자들에게 보다 정확한 정보를 알리기 위함이다.

> 정확성은 언론의 신뢰도를 좌우한다. 기자들이 보이는 것 그대로를 믿지 않고 날이 선 비판의식으로 좀 더 진실에 가까운 정보를 찾기 위해 노력해야하는 이유다. 합리적인 회의는 오보의 가능성을 줄일 수 있다. 비판은 '왜?'라는 질문에서부터 시작한다. 정확한 보도를 위해 질문을 던지는 것은 기자 본연의 임무 중에서도 제일 기초가 된다. 기초가 흔들리면 아무리 높은 탑이라도 한순간에 무너져 내린다는 것을 기억해야 한다.

해설

해당 동영상은 EBS 다큐멘터리의 일부분이라고 한다. '우리는 왜 대학에 가는가?'라는 제목으로, 한국 교육의 문제점을 다뤘다.

한국 기자들은 버락 오바마 대통령에게 왜 질문을 하지 못했을까. 영어의 문제는 아닐 것이다. 회사별로 해외 대학 출신들이 몇 명씩은 있을 정도다. 황근 선문대 교수는 "매년 출입처가 바뀌는 순환근무에 익숙해져, 직업에 대한 전문성이 부족하다는 것을 단적으로 보여주는 예"라고 꼬집었다.[11] 황 교수는 "세상은 점점 분화되고 전문화되는데, 우리 언론은 이런 시대 추세에 뒤따라가지 못하고 있는 것은 무슨 이유일까? 그래서 전문성이 부족한 언론인들이 역시 전문성이 별로 필요 없는 정치권으로 자꾸 진출하는 것은 아닐까?"라고 덧붙였다. 씁쓸한 한국 언론의 현 주소다.

---

11) "오바마 대통령에게 한마디 질문도 못한 한국 기자들", 미디어펜 2014. 3. 29, 칼럼(황근 선문대 교수) 인용

미국에서는 오히려 부적절한 질문이 논란이 되는 것이 많다. 지난 4월 25일 이데일리 보도[12]에 따르면, 미국 ABC방송의 백악관 출입기자는 지난 2014년 4월 25일 청와대에서 열린 한·미 공동기자회견에서 버락 오바마 미국 대통령에게 "블라디미르 푸틴 러시아 대통령이 물에 빠진다면 구해줄 것인가."라고 질문했다고 한다.

비록 이 기자가 블라디미르 푸틴 러시아 대통령이 한 방송에서 "내가 물에 빠지면 오바마 대통령이 구해줄 것이라고 생각한다."라고 말한 것을 언급하면서 "정말 그럴 것이냐."라는 취지의 질문을 했다고 하지만, 세월호 참사로 온 국민이 애도하고 있는 상황에서 부적절했다는 평이 많았다.

사실 필자도 비슷한 침묵 경험을 한 적이 있다. 아셈(ASEM) 외무장관 회의가 열린 인도 뉴델리에서 아시아유럽기자 콜로퀴움에 참석했던 필자를 비롯한 30여 명의 기자들은 인도 외무장관과 기자회견을 할 기회가 있었다. 10명 정도가 질문을 했다. 필자는 질문을 하지 못했다. 딱히 물어볼 말이 없어서였다.

당시에는 '외교안보 출입 경험이 없어서'라고 생각했는데, 지금 보니 지식이 없어서다. 이 논술을 연습하는 언론고시생들은 그러지 말기를.

---

[12] "세월호 참사 한국서 백악관 출입기자 부적절한 질문", 이데일리 2014. 4. 25, (피용익 기자)

본론으로 돌아와서, 이 논술문에 대해서 이야기하자. 이 논술문에서는 '왜 기자들이 질문을 하지 않았는지'에 대해 분석을 하다가, 오보에 대한 이야기를 쓰고, 그리고는 정정보도에 대한 이야기로 휙휙 넘어간다. 결론은 정확성에 대한 강조다. 그러다보니 정작 왜 질문을 하지 않고, 대안은 무엇인지가 보이지 않는다.

오보가 많은 것, 바로잡기에 인색한 것 등은 한국 언론의 고질적인 문제점이다. 하지만 무조건적으로 해외 언론은 선(善)이고, 한국 언론은 잘못된 것으로 바라보는 프레임은 위험한 수험 전략이다. 실제로 면접 현장에서는 지원 언론사의 기사도 잘 읽지 않고 무작정 "한국 언론은 갈 길이 멀고 뉴욕타임스만이 살 길이다."라는 식의 답변을 하는 언론고시생들도 있다. 대안 없는 비판, 근거 없는 비하 등은 결코 좋은 점수를 얻을 수 없다는 점을 잊지 말자.

새로운 답안으로는 황근 교수님의 칼럼을 읽고 필자가 나름대로 써본 답안을 소개하도록 한다. 약간 파격적으로 썼다.

새로운 답안

　질문하는 기자가 없다는 점은 한국 언론의 고질적인 문제다. SNS에서 화제가 됐다는 '오바마 한국 기자' 동영상이 그렇다. EBS의 다큐멘터리에 소개된 일부 영상이다. 2010년 한국에서 열린 G20 정상회담 기자회견장에서, 버락 오바마 미 대통령이 한국 기자 중 질문을 받겠다고 했지만 아무도 손을 들지 않았다. 중국 CCTV의 기자가 손을 번쩍 들었다. 오바마는 다시 한번 한국 기자에 한해 질문을 받겠다고 했지만 또 다시 침묵. 결국 중국 기자가 질문 기회를 얻었다.

　이유는 뻔하다. 전문성 결여다. 영어를 못한다는 것은 결코 이유가 될 수 없다. 한국 언론사에도 해외 대학 출신이 회사별로 한두 명씩은 있는 시대다. 영어 단어 'Correspondent'라는 단어를 생각해 볼 수 있다. 한국어로는 특파원이라고만 번역된다. 하지만 한 가지 뜻이 더 있다. 전문기자 또는 선임기자라는 뜻으로도 쓰인다. Foreign affairs correspondent 등으로 시작되는 바이라인을 본 기억들이 있을 것이다.

　한국에는 전문기자 또는 선임기자가 몇 명이나 되는가. 크게 잡아야 20~30명 안팎이다. 그것도 불과 2000년대 들어서 보편화된 호칭이다. 그 기자들도 단순히 출입을 오래한 사람들일 뿐, 전문성이 있는지도 의문이다. 의학·군사·스포츠·연예 분야의 일부 전문기자들을 제외하고는 출입처 순환근무체제에서 전문성을 키운다는 것 자체가 어불성설이기 때문이다.

　따라서 한·미·일관계의 주된 화두에 대해 뉴스 헤드라인 수준으로만 이해하고, 기껏해야 포린 어페어스 같은 잡지를 약간 읽는 정도인 한국의 언론 풍토에서, 미국 대통령에게 직접 질문을 하는 것은 자칫 회사의 체면을 구기는 행위로 이어질 수 있다는 걱정으로 이어진다. 잘못 질문해서 시쳇말로 '쪽 팔리게' 되느니, 아예 질문을 하지 않는 것이다.

사회는 전문가급의 기자를 원하고 있다. 당장 군사 분야만 해도 많은 '밀덕'들이 기사를 검증하고, 틀리면 조롱과 공격을 일삼고 있다. 스포츠 역시 기자 이상의 소양을 지닌 독자가 쏟아진다. 하지만 아직도 언론계에서는 사회부 → 정치부로 이어지는 '스탠다드'를 숭상하고, 다른 부서들은 잠시 쉬어가는 코너로 생각하는 기자들도 꽤 있다.

상황이 이렇다보니, 심지어 일부 출입처에서는 제공된 보도자료가 기사에 그대로 실리게 하는 데에만 초점이 맞춰져 있기도 하다. 홍보 담당자들은 기자가 국민을 대리해 질문을 하는 것을 답해주기보다, 자료를 충실하게 실어주는 기자를 선호하고 있다. 일부 기자단에서는 조금만 문제가 보여도 포괄적 엠바고를 잡기도 한다. 이 작은 나라에 포괄적 엠바고를 해야 할 만큼, 알 권리보다 더 중요한 가치가 그리도 많던가.

황근 선문대 교수는 미디어펜 칼럼에서 이렇게 말했다. "이번 기자회견 굴욕을 보면서, '워싱턴 특파원이나 파리 특파원이 하는 일은 본사 국제부에서 보내준 기사를 백악관 뒤뜰과 몽마르트 언덕에서 바바리 코트입고 읽는 것'이라는 대학시절 국제커뮤니케이션 수업시간에 들었던 말이 생각나는 건 왜 일까."라고. 지금도 많은 신방과 학생을 만나보면 아직도 바바리 코트와 이국적인 풍경을 특파원 생활의 알파요, 오메가라고 생각하는 학생들이 많다. 한국 현직 언론인들의 인식 역시 큰 차이는 없어 보인다. 그래서 질문이 없고, 질문을 못하고 의문을 제기하지도 않는다.

대안은 기자들이 공부를 하는 것뿐이다. 술이나 드실 것이 아니라.

연습유제 5-1

막장드라마는 일상에서 쉽게 보기 어려운 자극적인 상황이 가득한 드라마를 총칭한다. '욕하면서 본다.'라는 말로 그 정의를 대신한다. 출생의 비밀, 욕망을 둘러싼 암투, 빠른 전개 속 황당한 설정, 중독성 있는 악역 캐릭터 등이 특징이다. 사람들은 왜 막장드라마를 보는가. 명품드라마와 다른 막장드라마의 조건을 제시하고, 경쟁력 있는 명품드라마를 만들기 위한 방안을 제시하라.

[2012 KBS 변형]

연습유제 5-2

우리 방송프로그램에 '앵커 ○○○의 생각' 코너를 신설한다. 주제 2가지를 선택해, 브리핑 원고 2개를 각 2분짜리로 쓰라.

[2017 채널A 변형]

연습유제 5-3

한국 기자들이 출입처에서 앉아서 천편일률적인 기사를 쓴다는 비판에 대해 반박하라.

[예상문제]

연습유제 5-4

자신의 성향과 맞지 않는 보도에 '가짜뉴스' 낙인을 찍는 심리에 대해 논하라.

[예상문제]

연습유제 5-5

한국 언론의 익명 취재원 인용 관행에 대해 미국에 비해 품질이 떨어진다는 지적과 국내 현실을 모르는 탁상공론이라는 의견이 엇갈린다. 이에 대해 논하라.

[예상문제]

연습유제 5-6

팩트체크의 바람직한 방향

[예상문제]

논제 6

권력은 남을 복종시키거나 지배할 수 있는 공인된 권리와 힘을 뜻한다. 주로 국가가 국민에 대해 강제력을 행사할 때 사용되는 개념이다. 권위는 어떤 분야에서 사회적 인정을 받거나 영향력을 끼치는 위신이라는 뜻으로 쓰인다. 권위는 남을 지휘하거나 통솔하여 따르게 하는 힘을 뜻하기도 한다. 그렇다면 권력과 권위는 상호보완관계인가, 상호배타관계인가?

[2013 조선일보 변형]

수험생 답안

병든 닭과 썩은 달걀이 서로 싸우고 있다. 닭은 달걀이 먼저 썩어서 자기까지 병들었다고 우기고, 달걀은 병든 닭이 자길 낳았으니 자신이 썩은 거라고 주장한다.

사법부가 '병든 권위'라는 비난을 받을 지경이다. '썩은 (경제)권력'인 기업을 제대로 처벌하지 않고 있어서다. 실제로 2012년까지 분식회계나 비리, 횡령으로 법정판결을 받은 기업 총수가 10대 기업 중 7명에 달하지만, 형을 제대로 받거나 징역을 치른 경우는 그 반도 되지 않는다.

문제는 국민의 시선이다. 기업은 민간의 경제주체로, 원칙적으로 사인(私人)이다. 다른 사인과 마찬가지로 최대한 동등한 법의 심판을 받아야 한다. 그러나 현실은 그렇지 않다. '죄 지은 만큼 벌을 받아야 한다.'라는 상식을 가진 국민에게 불공정한 처사로 비칠 수밖에 없다.

권력은 정당성을 인정받은 힘이지만, 권위는 인정받지 못한 힘이다. 사법 권력이 기업 처벌 눈감아주기로 신뢰를 잃을 때, 사법부는 권력이 아닌 억지스러운 권위가 된다. 권위적인 아버지 앞에선 불만이 있어도 입을 다물게 되듯이, 권위적인 사법부 앞에서 모두의 마음속에는 불만이 쌓일 수밖에 없다. 이제는 국민이 이 불만을 말없이 지나치지 않는다. 얼마 전 20대의 '어리숙한 판사'들에 대한 국민의 불신을 해소하기 위해 로클럭 제도가 도입됐다. 사법부에 대한 불신을 국민이 지나치지 않는다는 증거다.

미국은 기업 총수라도 형을 모두 치른 후 5년이 지나야 사면 신청을 할 수 있을 정도로 경제 범죄에 대해 엄격하다. 사법부가 '병든 권위'라는 비난을 벗어나려면 썩은 권력인 기업 총수도 엄단해야 한다. 권력과 권위는 상호배타적인 관계라는 사실을 새겨야 한다. 권위로 변질된 사법부는 정당한 권력이 될 수 없다. 병든 권위가 훈계하고, 썩은 권력이 항변하는 장면을 국민은 가만히 지켜보고 있지만은 않는다.

해설

어려운 논제다. 원래 잘 쓰는 친구인데, 유독 글이 별로다. 다른 사람이 썼더라도 크게 잘 썼을 것 같지는 않다. 하지만 어려운 문제도 어차피 출제되고, 문제가 어려우면 다같이 점수가 낮기 때문에 마음을 쓰지 않아도 된다. 다만 완성을 할 수 있느냐 없느냐의 문제일 뿐.

조선일보는 이따금씩 두 가지 추상적 개념을 주고 자유롭게 논술하는 문제를 출제한다. 영미권에서는 자주 쓰이는 논술 방식이기도 하다. 젊을 적 필자가 옥스퍼드 대학의 시험을 봤을 때 논술 주제로 나왔던 문제도 비슷한 식이었다. 정확히 기억은 나지 않지만 '정의(Definition)와 개념(Notion)은 어떻게 다른가.' 같은 식이었다. 물론 처참하게 떨어졌다.

물론 많은 수험생이 어려워하지만, 너무 겁을 먹을 필요는 없다. 어려운 문제라면 다같이 낮은 점수를 받을 것이기 때문에 자신있게 써야 한다. 물론 정치학이나 철학 분야에서 소양이 깊은 지원자들이라면야 좋은 점수를 받을 수 있겠지만, 필자의 경험상 이런 지원자는 한두 명에 그친다. 많게는 15명 정도까지 뽑는 조선일보 시험에서 2명 정도라면 과감히 접어 주고 나만의 페이스를 유지하는 것이 좋다.

사실 강평도 쉽지 않은 논제다. 본래 조선일보에서는 "권력과 권위는 상호보완관계인가, 배타관계인가."라는 문제로 출제됐다고 전해진다. 하지만 그 이면에는 권력과 권위의 속성을 설명하고, 현실 세계에서 권력과 권위가 어떻게 작용하는지를 구체적으로 제시해야 한다는 점이 내재돼 있다. 지식·이론·현장 상황·찬반 여론 등 정보가 전무한 상황에서 최대한 구체적이고 창의적으로 답을 전개하는 것이 언론고시 논술의 특징이라는 점에서, 이를 잘 해결하는 것도 수험생들의 몫이 될 것이다.

하지만 대다수 수험생이 권력과 권위에 대해 명쾌한 개념 정의를 하지 못하는 현실에서, 사전적 풀이를 음미하면서 자신만의 분석 틀을 고안해 보라는 뜻으로 문제를 비틀어서 수록했다. 사전적 풀이에 따르면, 권력은 남을 복종시키거나 지배할 수 있는 공인된 권리와 힘을 뜻한다. 주로 국가가 국민에 대해 강제력을 행사할 때 사용되는 개념이다. 권위는 어떤 분야에서 사회적 인정을 받거나 영향력을 끼치는 위신이라는 뜻으로 쓰인다. 남을 지휘하거나 통솔하여 따르게 하는 힘을 뜻하기도 한다. 권력과 권위의 차이에 대해서는 수험생 각자가 차이점을 명확화하는 과정이 필요하겠다.

이 답안은 당대(?) 수험가에서 실력자라 불렸던 기자에게 강평을 요청했다. 이런 이야기로 말을 풀어갔다. 권력과 권위가 보완관계인지 배타관계인지 묻는 논제에 '닭이 먼저냐 달걀이 먼저냐.'라는 진부한 말이 생각나더냐며 쏘아댔다. 게다가 병든 닭과 썩은 달걀이 싸우는 비유라니, 진부한데다 어색하다고 한다.

권력과 권위의 개념에 대해서 과도하게 스스로의 정의를 원용한 것이 지적되기도 했다. 모두가 권력이라고 규정짓는 사법부를 '권위로 변질된 권력'이라고 주장하고 있는 점을 예로 들 수 있다. 이런 주장은 근거도 약하고 일반의 상식에도 맞지 않는다. 부실한 전제 위에서 '닭과 달걀 비유 → 경제 권력의 잘못을 제대로 처단하지 못하는 사법부 → 로클럭 제도' 등 신문지상에서 들어봤을 법한 이야기들을 억지로 엮은 느낌을 준다.

참신하면서도 고개가 끄덕여지는 도입을 찾기 어렵다면, 차라리 본인의 주장으로 치고 나가야 한다. 그냥 "권력과 권위는 상호보완(or 상호배타)관계"라고 말이다. 물론 수험생의 서론 전개를 보니 본인 스스로 그 답을 정하지 못하고 있어 이렇게 시작하기도 어려웠을 것이다. 일단 문제를 받아들고, 사법부가 논란이니 병들었다는 취지로 답안지를 쓰다가, 결론쯤 되어 '상호배타적관계'로 정한 것 같은 느낌이 든다.

사법부를 병든 권위로 묘사하고, 국민의 시선이 사법부에 대해 무작정 비판적인지도 논란의 대상이다. 사법 권력이 썩은 경제 권력을 제대로 처벌하지 않는 것은 그 자체로 문제다. 법 적용이 잘못된 경우라면 그것대로 문제이며, 이런 식의 관대한 판결이 경제인의 도덕적 해이를 더 부추길 수 있다는 점에서도 문제다. 하지만 이것을 감정적인 잣대로 엮어서 "사법부는 병든 권력"이라는 식으로 몰아가는 논술문을 쓴다면 그 자체로는 좋은 점수를 받을 수 없다.

서두로 돌아간다면, 권력과 권위의 차이는 상대에게 강제력을 가지는지 여부라는 점을 알 수 있다. 또한 권력은 긍정적이고 권위는 부정적인가? 다시 생각해 보자. "권위적인 아버지 앞에선 불만이 있어도 입을 다물게 되듯이, 권위적인 사법부 앞에서 모두의 마음속에는 불만이 쌓일 수밖에 없다."와 같이 당연한 말을 하는 것 역시 그리 설득력이 없다.

세 번째 문단에서 나온 로클럭이 사법부에 대한 불신을 해소하기 위한 제도인지도 의문이다. 로클럭(재판연구원)은 재판 업무를 보조하는 사람으로, 로스쿨을 나와 변호사 자격시험에 통과한 이들이 법원 실무 경험을 할 수 있도록 하는 제도다. 이후 판사 임용에 도전할 수도 있다. 허나 로클럭 몇 년으로 국민 불신을 해소할 만한 능력이나 경륜이 생길까? 지나친 비약이다.

논술 답안의 마지막 부분에서는 미국 사례를 제시하면서, 상호배타적관계라는 결론이 갑자기 튀어나왔다. 전혀 관계없는 이야기만 늘어놓다가 결론을 내리니 어리둥절해 보이기도 하다. 권위는 나쁘고 권력은 좋은가? 그 둘은 속성이 다를 뿐이다.

이 문제의 경우 수험생의 답안에 해설의 방향을 맞춰 필자가 가필을 하는 방식으로 수정 답안을 제시했다. 저자들이 모범 답안을 쓴다고 해서 이 문제가 다시 출제가 될 리 만무하거니와, 수험생들에게 전혀 도움이 되지 않기 때문이다. 합격자들의 답안을 무작정 외워봤자 자신의 실력이 되지 않는 것과 같은 논리다. 이런 문제 경향에서는 충실히 '방어적'으로 답안지를 다듬어 가는 과정을 연습하자.

새로운 답안

어떤 분야에서 사회적 인정을 받거나 영향력을 끼치는 위신. 권위(權威)에 대한 사전적 해석이다. 남을 복종시키거나 지배할 수 있는 공인된 권리와 힘이라는 뜻의 권력은 바로 이 권위를 기반으로 생겨난다. 권위 역시 학계나 예술계 등의 분야가 아닌 입법·사법·행정부의 권위라는 측면으로 다가선다면, 권력을 전제하지 않고서는 생겨날 수 없다. 이런 점에서 권력과 권위는 상호보완적인 관계다.

권위나 권력이나 국민의 인정에서 나온다. 적어도 민주공화국에서는 말이다. 정치 지도자에 대한 권력 부여는 국민의 투표에서 실현되며, 정부부처의 소신에 대해 인정하고 박수를 보내는 것 역시 여론의 몫이다. 민주주의 국가가 아니라면 총칼에서 나올 것이다. 시리아가 그렇고, 지금의 우크라이나, 러시아가 그렇다. 가까운 북한에서도 국민의 여론과는 상관없이 당에서 총 끝으로 권위를 부여하고 있다.

사법부의 권위가 병들었다는 비판을 받는 것 역시 마찬가지의 메커니즘이다. 개발독재시절 특혜로 생겨난 '자본 권력'을 제대로 견제하지 못하니 유착이 있다는 비판까지 나온다. 실제로 2012년까지 분식회계나 비리, 횡령으로 법정판결을 받은 기업 총수가 10대 기업 중 7명에 달하지만, 형을 제대로 받거나 징역을 치른 경우는 그 반도 되지 않는다. 게다가 황제 노역 등 소위 '전관예우', '지역 유착' 등의 단어로 포장되기 좋은 사례까지 나왔으니, 사법부의 체면이 말이 아니게 됐다.

일부에서는 사법부를 선출되지 않은 권력, 견제를 받지 않는 철옹성 등으로 비판한다. 하지만 권위라는 측면에서 사법부는 '마지막 양심의 보루'라는 이름 하나만은 지키고 있다. 국민의 이러한 시선, 믿음을 잃어서는 안 된다. 민간의 경제주체로, 원칙적으로 사인(私人)인 기업이 국가 경제라는 형량 감경 사유를 들어 무조건 솜방망이 판결을 받아서는 안 된다는 이야기다.

그동안 사법부는 자체 개혁을 위해 많은 제도를 도입했다. 연륜이 없는 판사들의 편향 판결을 막기 위한 법조일원화 제도, 양형기준의 공평함을 위한 양형위원회, 가사 사건에서 자녀들의 권리를 보호하기 위한 연구모임 등이 그렇다. 하지만 권력의 권위 부재 시대에, 사법부가 마지막 양심의 보루라는 권위를 유지하기 위해서는 꾸준한 자기 반성과 개혁이 필요하다. 유전무죄 무전유죄의 비아냥도, 편향 판결이라는 반발도 참고 해결해야 한다. '사법부'이기 때문이다.

연습유제 6-1

정년 60세 시대다. 부모 세대에게는 일할 기회를 연장해 주는 효과도 있지만, 자녀 세대에는 신규 일자리 창출이 줄어든다는 목소리도 있다. 두 권리의 충돌을 어떻게 봐야 할까?

[2011 조선일보 변형]

연습유제 6-2

위선(僞善)과 위악(僞惡)에 대해 논하라.

[2007 조선일보]

연습유제 6-3

정치는 한국 사회에서 문제인가 해결책인가?

[2017 경향신문]

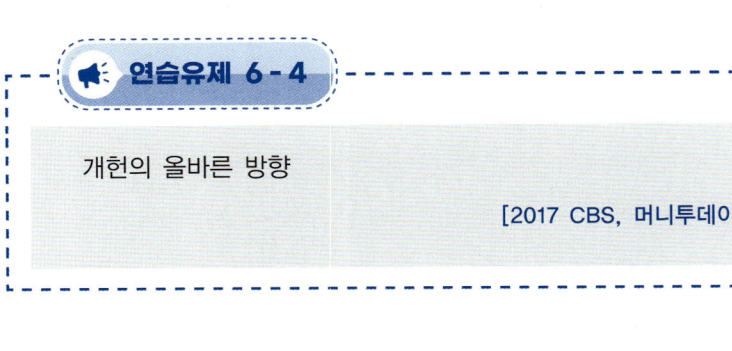

연습유제 6-4

개헌의 올바른 방향

[2017 CBS, 머니투데이 변형]

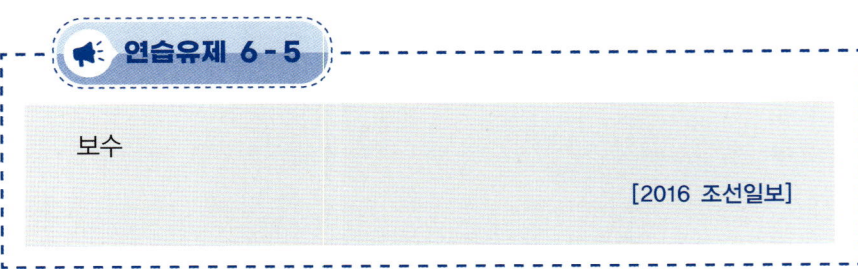

연습유제 6-5

보수

[2016 조선일보]

논제 7

저널리스트는 때때로 특종과 도덕 사이의 딜레마에 빠진다. 1994년 퓰리처상 사진부문을 수상한 사진기자 케빈 카터가 대표적인 예다. 케빈 카터는 굶주림에 지친 수단 소녀를 지켜보고 있는 독수리를 찍은 사진으로 세계적인 주목을 받았지만, 소녀를 먼저 구하지 않았느냐는 비판에 괴로워하다 결국 자살했다. 2012년 뉴욕포스트에 실린 한국인 남성의 사진 역시 마찬가지다. 뉴욕포스트는 1면 커버로 '이 남성은 선로에 떨어져 죽기 직전'이라는 제목과 함께 신문 하단에 '(죽을) 운명(DOOMED)'이라는 단어를 굵은 글씨로 표기했다. 사진 속 남성은 지하철역에서 떠밀려 지하철에 치여 숨진 한국인 남성이었다. 알 권리와 인간적 가치가 충돌할 경우 순간적인 판단을 요하는 방송기자로서 어떤 선택을 해야 하는지 구체적 논거를 들어 논하라.

[2008 SBS 변형]

수험생 답안

　누군가의 죽음이 누군가에게는 행운이 된다. 이런 상황을 가장 많이 겪는 이들 중 하나가 언론인일 것이다. 아이들이 추락사하는 장면을 우연히 포착했다가 퓰리처상을 받은 사진기자 역시 마찬가지다. 기자의 의도와 상관없이 온갖 타블로이드와 일간지는 그 사진으로 지면을 도배하며 독자들의 관심을 끄는 데 여념이 없었다. 떨어진 사람의 죽음에 대한 애도는 그 속에서 묻혀져 갔다. 사진기자는 불세출의 특종을 남겼지만 죽은 이의 처참한 말로는 어떤 동의도 없이 전 세계로 퍼져 나갔다.

　언론은 공기(公器)다. 공적 역할을 하기 때문에 사적인 것은 덜 중요시하거나 배제할 수도 있다는 의미다. 특히 사고·재난보도 때의 희생자나 유족의 얼굴이 여과 없이 보도될 수 있는 건 그런 이유에서일 것이다. 문제는 언론이 경쟁에 치여 자극적인 장면 보도에 힘을 쏟을 때다. 이럴 때 사고 당사자의 사적(私的) 고통이 얼마나 밝혀져야 하며, 어디까지 보호되어야 하는지에 대한 기준이 너무도 불분명하다는 것이다. 이 기준이 없음으로써 나타나는 폐해는 크다. 한 사건에 내재된 사회 문제, 시스템상의 문제 등에 대해 부각시키기보다 자극적인 장면, 사건 경과에만 집중하는 본말전도현상이 일어나는 것이다. 이 과정에서 언론 본연의 존재 이유, 즉 진실을 파헤치고 보도함으로써 사회 정화에 일조한다는 역할은 퇴색할 수밖에 없다. 도덕적 정당성의 붕괴인 것이다.

　언론의 공적 역할이 취재원의 사적 권리를 침해할 수 있는 것은 오로지 공동선(公同善)을 추구할 때뿐이라는, 원칙이 세워져야 한다. 언론의 자극적 보도가 범람하는 과정에서 언론인의 윤리에 대한 논란이 자꾸 불거지는 건 결국 명확한 원칙이 없어서다. 아리스토텔레스가 정의한 대로 정치, 즉 민주주의가 공동선을 추구하는 전제 아래 성립하는 것이라면, 민주주의의 파수견(犬)인 언론 역시 공동선이라는 연장선에서 작동해야 할 것이다. 예컨대 아이들이 추락하는 사진을 지면 절반에 걸쳐 실을 때는, 죽은 사람의 동의를 얻지 않은 대신 그에 응당하게 방재시스템 고발, 전체적인 사회시스템 고발로 논의를 반드시 이어 가야 할 것이다. 즉 언론이 사적 권리를 덜 중요시할 때는 그에 대한 대가를 '공적 역할에 충실함으로써' 갚아야 한다는 의미다. 공적 영역과 사적 영역 사이의 균형 잡힌 'give and take'인 셈이다.

경쟁이 치열해지는 환경 속에서 기자는 눈에 띌 만한 특종에 더욱 목을 맬 수밖에 없다. 이 과정에서 대중의 사적 영역은 더욱 쉽게 침해될 위험이 커진다. 기자의 특종에 대한 열망이 공적 역할을 벗어날 때, 이는 더 이상 공기(公器)가 아니라 이기적인 사냥꾼에 지나지 않을 것이다. "여러분이 충성해야 할 곳은 다른 사람들에게도 충성할 만한 것이어야 한다." 어느 신학자의 말이다. 적어도 '공적 가치에 대한 헌신'이라는 신념에 있어서, 언론인은 종교인'스러워질' 필요가 있다.

해설

일부러 방송기자라는 점을 강조해서 출제된 문제다. 이 맥락에 해외 사례를 조금 담아 문제를 변형해 수록했다. 실제로 DOOMED 기사 같은 사례는 기본 중의 기본인데, 이조차도 잘 모르는 수험생이 꽤 있다.

출제자는 왜 방송기자라고 명시해서 시험을 냈을까. 당시에는 UCC 제보가 활성화되지 않은 시기였지만, 앞으로 UCC를 보도에 활용하는 일이 늘어날 것을 예상하고, 수험생들의 소양 내지는 소신을 물어보고 싶었을 것이다.

실제로 UCC나 가짜 SNS글 등에 낚여서 잘못된 정보를 전달했다가 사과하는 언론들의 사례가 늘고 있다. 한 종편채널에서는 세월호 참사 당시 가짜 잠수부를 인터뷰했다가 결국 보도국장이 화면에 나와서 사과를 한 경우도 있었다. 해외에서도 BBC 기자 등 유명 저널리스트들이 모여 재난 상황 시 온라인 소스를 보도에 활용하기 전 검증방법을 담은 '검증 핸드북(Verification Handbook)'을 내기도 했다.

공저자인 강버들 JTBC 기자는 "방송기자와 신문기자는 기사 거리를 선택하고 취재하고 기사화하는 전 과정이 전혀 다른 일"이라고 강조하기도 했다. 실제로 강 기자는 신문기자 출신으로, 방송기자 전업 과정에서 많은 시행착오를 겪었다. 문제에서 '방송기자로서~'라고 한정했다면 방송기자의 특성과 그 특성 때문에 취재 과정에서 마주치게 되는 아이러니에 대한 고찰이 있어야 한다.

그런 의미에서 이 글은 방송기자의 특성을 담아내지 못했다는 점에서 감점의 여지가 있다. 하지만 많은 수험생이 그러듯, 책에서 봤을 법한 일반론을 읊다가 막판에 정부 비판 또는 현 공영방송의 비판을 조금 언급하고 성급히 마무리 짓는 것으로 흐르지 않은 것은 긍정적이다.

일단 이 글에서는 방송기자의 선택에 대한 원하는 답이 없어 아쉽다. 글 자체의 논의도 조금은 아쉽다. 두 번째 문단과 세 번째 문단의 주장과 논의가 비슷한 수준에 머물러 중언부언을 하는 것 같고 글이 전체적으로 추상적이라는 아쉬움이 든다. 하지만 기본적인 문장력이 좋아 그걸 커버한 듯싶다. 새로운 답안에서는 이를 조금 개선해 콤팩트하게 소화하고, 시의성을 가미해 수정했다.

새로운 답안

2010년 1월. 대지진으로 신음하던 중남미의 섬나라 아이티 참사 현장. CNN의 의학전문기자 산제이 굽타는 머리를 심하게 다친 소녀를 만났다. 그는 취재를 잠시 멈추고 뇌수술을 성공적으로 집도했다. 1.2cm 크기의 콘크리트 조각에 두개골이 손상된 소녀였다. SBS의 조동찬 의학전문기자는 30대 남성의 탈장 수술을, MBC 신재원 의학전문기자는 40대 여성의 혈종 제거 수술을 했다.

언론이 특종 대신 인간미를 실천한 정말 몇 안 되는 케이스로 불린다. 그동안 언론에 있어, 누군가의 죽음은 항상 행운처럼 느껴진 것도 사실이다. 1975년 보스턴 화재로 건물에서 추락하는 아이들을 촬영한 스탠리 포먼은 그 사진으로 퓰리처상을 받았다. 기자의 의도와 상관없이 온갖 타블로이드와 일간지는 그 사진으로 지면을 도배하며 독자들의 관심을 끄는 데 여념이 없었다. 떨어진 아이의 죽음에 대한 애도는 그 속에서 묻혀졌다. 사진기자는 불세출의 특종을 남겼지만 죽은 아이의 처참한 말로는 어떤 동의도 없이 전 세계로 퍼져 나갔다.

언론은 공기(公器)다. 그러기에 더욱 인간적 가치에 매달려야 한다. 사고 당사자의 사적(私的) 고통이 얼마나 밝혀져야 하며, 어디까지 보호되어야 하는지에 대한 기준이 필요하다. 단순히 사고가 발생하면 피해자나 유가족의 슬품을 담고, 정부의 대책을 요구한다는 말만 앵무새처럼 해서는 안 된다. 사고가 왜 발생했는지 그 이유에 집착해 파헤치고, 피해자의 아픔을 함께할 수 있는 인간미가 있어야 한다.

언론은 그동안 공동선(公同善)을 추구한다는 이유로 취재원의 사적 권리를 마구 침해해 왔다. 하지만 그것은 오히려 공동선과는 멀리 떨어진, 마구잡이식 자극적 보도로 귀결됐다. 이제는 보도를 하는 것은 물론, 사전에 취재를 하는 과정에서도 인간에 대한 존중을 제1가치로 삼아야 한다.

특히나 생방송에서 인권이 쉽게 침해될 수 있는 방송기자는 더욱 그렇다. 다음날 배달되는 조간 신문, 언제든 수정이나 업데이트가 가능한 인터넷과는 달리, 방송기자는 찰나의 판단에 모든 것이 달라질 수 있다. 세월호 참사 과정에서도 앵커의 말 한마디에 국민적 공분이 생겼다가 누그러졌다가 할 수도 있는 것이다.

민주주의가 공동선을 추구하는 과정에 놓인 것이라면, 민주주의의 파수꾼인 언론 역시 공동선이라는 연장선에서 작동해야 한다. 예컨대 아이들이 추락하는 사진을 지면에 걸쳐 실을 때는, 죽은 사람의 동의를 얻지 않은 대신 그에 응당하게 방재시스템 고발, 전체적인 사회시스템 고발로 논의를 반드시 이어 가야 할 것이다. 즉 언론이 사적 권리를 덜 중요시할 때는 그에 대한 대가를 '공적 역할에 충실함으로써' 갚아야 한다는 의미다.

물론 기자 개인들에 대한 인간적 공감은 간다. 경쟁이 치열해지는 환경 속에서 방송기자들은 단독 영상 확보를 위해 더욱 목을 맬 수밖에 없다. 하지만 급할수록 돌아가야 한다. 기자의 특종에 대한 열망이 공적 역할을 벗어날 때, 이는 더 이상 공기(公器)가 아니라 이기적인 미디어 하이에나에 지나지 않을 것이다.

연습유제 7-1

세월호 참사 당시 SNS상에 쏟아지는 확인되지 않은 이야기를 여과 없이 보도했던 언론들에 대한 자성의 목소리가 높다. 특히 한 종편채널은 민간 잠수사를 사칭, 근거 없는 이야기로 정부를 비판하는 여성의 인터뷰를 했다가 여론의 뭇매를 맞았다. 재난보도 상황에서, 인터넷에 떠도는 UCC(사용자제작콘텐츠) 등의 내용을 어떻게 검증해서 뉴스에 사용할 수 있을까?

[예상문제]

연습유제 7-2

디지털 플랫폼의 도입으로 언론에 위기가 왔다. 언론의 위기는 민주주의의 위기가 될 수도 있다. 언론이 공론장의 역할과 어젠다 세팅 역할을 되찾기 위한 대안은 무엇인가?

[2015 미디어오늘 변형]

연습유제 7 - 3

가짜뉴스는 왜 범람하는가? 대안은 무엇인가?

[2017 한겨레 변형]

연습유제 7 - 4

혐오표현은 왜 발생하는가? 이를 표현의 자유로 볼 수 있는가? 이에 대한 공영방송의 역할에 대해 쓰라.

[2017 KBS 변형]

연습유제 7 - 5

흉악범에게 '당신의 가족에게 한마디 해달라.'라는 요청은 올바른가.

[예상문제]

연습유제 7 - 6

이른바 '대장동 사건'이 언론윤리에 주는 교훈은 무엇인가.

[예상문제]

연습유제 7-7

미국 등 해외에서는 재난 상황 취재에 대해 당사자의 트라우마와 취재기자의 트라우마에 대한 연구도 한창이다. 컬럼비아대 부설 다트센터의 베테랑 언론인 존 바스는 2024년 9월 애리조나 강연에서 재난 등 상황에서 트라우마를 겪는 사람을 취재할 때 기자가 가져야 할 덕목들을 제시했다. 그는 재난 당사자에 대해 '피해자(Victim)'라는 말을 사용하지 않았다. 사회적 낙인이나 2차 가해를 우려한 것이다. 오히려 살아남고 재난을 이겨낸 사람들이므로 '영웅(Hero)' 등의 표현을 제시했다. 그는 재난 취재 과정에서 취재원 당사자를 대할 때 기자가 인내심을 가져야 하고, 당사자와의 신뢰감 및 연대감 형성, 재난 상황에서의 팩트체크 방법에 대한 고민 등을 주문했다. 또한 재난 당사자에게 "어떻게 생각하느냐."라고 묻기보다는 "무슨 일이 일어났느냐."라는 식의 단순한 질문을 주문했다. 취재 과정에서 취재원의 트라우마와 안전을 존중하고 배려하는 습관이 필요하다는 설명이다. 이런 제언이 한국 언론에 주는 의미를 논하라.

[예상문제]

논제 8

〈KBS 뉴스9〉에는 지난 10년 동안 여러 가지 코너가 새로 생겼다. 신설된 코너들을 아는 대로 쓰고 그 코너들의 형식과 특징을 간략히 서술한 뒤 변화된 〈KBS 뉴스9〉의 장단점을 뉴스 생산자 측면과 뉴스 수용자 측면에서 논하고 수험생 본인의 제안점이나 대안이 있다면 제시하라.

[2013 KBS 변형]

수험생 답안

뉴스는 시청자가 세상을 보는 창이다. '시청자의 창'은 그동안 많은 정보를 전달하는 데 집중했다. 그러나 시대가 변했다. SNS와 인터넷매체를 통해 대량의 정보가 실시간 제공되는 중이다. 각종 사안의 의미를 살피고 해석하는 노력이 필요한 때다. KBS는 10년 전에 비해 중요한 뉴스 가치를 선별하고 이를 심도 있게 다룬다. 특정 이슈에 관해 5~7분가량의 심층 보도(이슈&뉴스)를 하고 뉴스의 해석 처방의 기능(데스크 분석)을 가진 코너를 매일 선보이고 있다. 사각지대에 가려진 사안을 조명하는 보도(9확대경) 등을 통해 한국 사회의 문제도 살피고 있다.

'게이트 키핑(Gate Keeping)'이 중요하다. 게이트 키핑은 제공할 정보를 여러 문을 통해 걸러 보도의 신뢰를 높이는 장점이 있다. 하지만 데스크가 보도할 기사를 선택하고, 보도의 순서나 크기를 정하는 과정 자체가 이미 주관적 해석을 전제로 한다. 뉴스 생산자의 입장만을 반영하고 수용자를 배제시키는 한계가 있다. 이로 인해 시청자는 KBS 뉴스 보도를 있는 그대로 받아들이기

쉽다. 만약 팩트가 잘못되거나 편향된 보도를 할 경우 특정 사안에 대한 올바르지 못한 공중의 태도가 형성될 수 있다.

'사실 확인'을 통해 객관 보도를 할 수 있도록 노력해야 한다. KBS가 보도하는 내용이 사실에 부합하는지를 지속적으로 조사하고 관련 내용을 제대로 밝혀야 한다. 이는 시청자가 올바른 판단을 하는 데 기여한다. '팩트체킹'(Fact Checking·사실 검증)이 한 방법이다. 또한 뉴스 가치 선별 과정에서 배제된 시청자들의 참여를 높여야 한다. 시청자 의견을 단순히 참고하자는 게 아니다. KBS가 '정보의 독점'을 깨야 한다. 시청자의 다양한 경험과 아이디어가 수용돼야 국민이 공감하는 뉴스가 나온다. 예로 KBS는 지난 '방송의 날'을 맞이해 시청자를 〈KBS 뉴스9〉의 기자로 참여시켰다. 이벤트성 기획에 머물게 하지 말고 이를 확대할 필요가 있다. 시청자와 호흡하는 뉴스는 광고가 없는 공영방송만이 시도할 수 있는 영역이다.

시청자는 언제 어디서나 다양한 미디어를 선택할 수 있다. 권력은 시청자에게 넘어갔다. KBS는 중요한 사안을 선별하되 사실 확인에 힘써야 한다. 시청자와 함께 호흡하며 공론을 펼쳐야 한다. 이를 통해 양질의 저널리즘을 실천하는 길, 4년 연속 신뢰도 1위인 KBS 뉴스가 나아갈 방향이다.

해설

공영방송 KBS는 국가기간방송이다. 그만큼 정치권에서 논란도 많다. 방송을 장악하려 한다는 논란은 언제나 있었으며, 이를 지키기 위한 기자들의 고충도 적지 않다. 하지만 때로는 정권편향적이라는 비판과 함께 수신료 거부 등의 보이콧을 당하기도 한다. 국가기간방송 기자들의 숙명일지도 모르겠다.

제시된 논제와 같은 문제에서는 글을 쓸 때 신중해야 한다. 자신의 의견을 밝히고, 이를 피력하는 것은 민주 시민이라면 누구나 할 수 있는 것이다. 하지만 답안지라는 플랫폼이라면 이야기가 달라진다. 〈KBS 뉴스9〉에 대해 논하라는 KBS의 기자시험 필기전형 답안지에 KBS에 대한 비판만 주구장창 쓸 수는 없는 노릇이다. 비판할 것은 합리적인 선에서 비판을 하고 대안을 제시하되, KBS가 잘한 것은 과감히 칭찬해 줘야 한다.

특히나 제시된 논제는 논조나 편향성에 대한 문제가 아니다. 10년 동안 새로 생겨난 〈KBS 뉴스9〉의 코너들에 대한 지식을 묻고, 이에 대한 포맷상의 평가와 대안 제시를 묻는 문제다. 뉴스 생산자 측면과 수용자 측면이라는 점은 뉴미디어 환경에서 시청자 의견 수렴 및 시청자 참여 동영상 등의 방안을 제시하라는 이야기로 풀이된다.

따라서 이런 문제는 철저히 미디어 비평 느낌이 나게 접근해야 한다. 논제의 방향을 무시하고 KBS에 대해 본인이 쓰고 싶은 이야기만 썼다가는 탈락하기 쉽다. KBS에 대한 지식이 충분해야 함은 물론이다.

이번 논제의 새로운 답안으로는, 필자들이 써둔 것보다 더 괜찮고 신선한 답안이 있어 원문 수록한다. 다른 수험생이 수험장에서 썼던 답안을 시험이 끝나고 복원한 것이다. 물론 깔끔한 맛은 없다. 이 수험생은 아깝게 4차 관문에서 떨어졌다. 독자 여러분들은 이 답안을 음미하면서 스스로 '최종 합격 답안'을 만들어 보기를 바란다.

새로운 답안

　2010년 이슈&뉴스, 2013년 5월 데스크 분석, 같은 해 가을개편 이후 도입된 9확대경은 10년 전 〈KBS 뉴스9〉에선 볼 수 없었던 새로운 코너다. 이슈&뉴스의 경우 특정한 사안에 대해 먼저 설명을 해준 뒤 2~3개의 리포트가 추가로 관련 사안에 대해 현황과 문제점, 대안 등을 차례로 보도한다. 1분 30초 정도로 구성되는 메인 뉴스에서 3~4분 이상 같은 사안에 대해 보도하는 이 코너는 시간적으로도 파격적인 시도였던 셈이다. 데스크 분석은 부장급 기자들이 사회 현안이나 관심이 요구되는 문제에 대해 배경과 쟁점을 설명한 뒤 사회적 관심과 대안을 촉구하는 해설, 논평식의 코너다. 9확대경의 경우 가장 최근 도입된 코너로, 돋보기로 들여다보듯 KBS만의 시각으로 사회 현안을 조명하려는 시도를 담아 현장감 등을 가미해 시청자들에게 제공하고 있다.

　이렇듯 새롭게 도입된 코너들은 KBS 뉴스를 제작하는 생산자 측면에서 KBS 메인 뉴스의 변화를 꾀하고 심층성과 전문성을 강화했다는 장점이 있다. 〈KBS 뉴스9〉는 그동안 시청자나 사회 각 계층에게 변화에 대한 요구를 받아왔다. 지상파 3사의 메인 뉴스가 비슷한 사안을 다룬다는 비판, 또 뉴스에서 다루는 현안들이 짧은 리포트로 가볍게 다뤄진다는 비판을 극복하는 차원에서 이러한 코너의 도입은 긍정적인 면이 많다. 특히 이슈&뉴스의 경우 한 가지 사안에 대해 사례, 배경 – 현상 또는 문제점 – 국내외 대안적 사례 등으로 구성한다. KBS가 가지고 있는 높은 기술력과 인적 자원을 충분히 활용할 수 있는 방식의 구성인 것이다.

　물론 단점도 존재한다. 50분이란 제한된 시간에 스포츠 뉴스를 제외하고 다룰 수 있는 꼭지는 10~12개 정도다. 이슈&뉴스나 9확대경 같은 코너로 특정 사안을 깊게 다루려는 시도는 좋지만 아직도 한정된 뉴스 시간에서 특정 사안 몇 가지를 심층적으로 보도한다는 건 한계가 있다. 이슈&뉴스 코너를 제외하면 새로운 코너들은 기존 리포트 구성 시간과 큰 차이가 나지 않는다. 이 때문에 KBS 시각으로 특정 이슈를 선정하더라도 짧은 시간동안 핵심 쟁점을 부각하고 대안책을 모색하는 건 쉽지 않은 일이다. 게다가 몇 가지 이슈를 중점적으로 다루다보면 다양한 뉴스를 보도하지 못할 수 있다. 과거 〈KBS 뉴스9〉는 백화점식 뉴스라는 비판을 받기도 했지만 이는 한정된 시간 내에 최대한 여러 주제의 뉴스를 다루기 위한 시도였다. 이슈&뉴스 등 한 가지 사안에 시간을 할애하다보면 시의성은 떨어지지만 소수의 시청자들을 위해 필요한 지역 뉴스나, 새로운 기술을 소개하는 내용 등은 다음날 아침 뉴스나 오후 뉴스로 미뤄질 수밖에 없다.

새로운 코너 등의 도입으로 과거에 비해 변화된 〈KBS 뉴스9〉는 시청자 입장에서는 뉴스 보는 재미가 커지고 사안을 보다 깊게 볼 수 있다는 면에서 장점이 있다. 〈KBS 뉴스9〉는 새로운 코너를 도입하면서 화면 구성에 있어서도 변화를 줬다. 기자가 사안과 관련한 배경을 설명하는 데 있어 현장 영상 등을 활용하고 과거보다 움직이면서 동적으로 정보를 제시하는 것은 시청자 입장에서 뉴스의 주목도가 높아진다. 게다가 심층성이 강화된 뉴스는 시청자가 한 가지 사안에 대해 일관되고 체계적인 내용을 알 수 있게 한다. 예컨대 최근 KBS에서 연중기획으로 보도한 〈아이 낳고 싶은 나라〉 시리즈는 시청자가 관심 있어 하고 알고 싶은 뉴스를 심층적으로 제공했다. 이슈&뉴스 코너를 통해 임신부가 아이를 낳기 꺼려지는 현실에서부터 육아휴직을 제대로 사용하기 힘든 사회 분위기까지 폭넓게 다룬 것이다. 이러한 시도는 작게는 당장 아이를 낳아야 하는 임신부에서부터 제도적인 문제점까지, 시청자에게 흥미를 주면서도 일관되고 체계적으로 사회 현안을 바라볼 수 있는 정보를 제공한다.

그러나 〈KBS 뉴스9〉는 아직 시청자가 활발히 소통할 수 있는 뉴스를 제공하지는 못하고 있다는 점, 타 매체와 경쟁해야 하는 환경에서 심층성과 전문성이 뚜렷이 부각되지 못한다는 점에서 한계가 있다. 〈KBS 뉴스9〉는 사회 현안을 선정하는 데 있어 뉴스 생산자의 의견이 주로 반영된다. 국내 한 종편 뉴스에서는 자사에서 여론조사를 한 뒤 이를 뉴스에 반영하는 시도를 하고 있다. 다양한 뉴스 제공자로부터 뉴스를 접하는 시청자들은 KBS에서 보다 시청자의 의견을 반영한 뉴스를 제공받고 싶을 수 있다. 또 뉴스 제공자가 많아진 요즘, 시청자에게 KBS만의 전문성, 심층성은 한계가 있다. 특히 데스크 분석의 경우 짧은 시간동안 사안을 정리하고 분석하는 등 해설 기능을 해주고 있지만 대안을 제시하는 데 있어 단편적이고 구호적인 측면이 많다. 게다가 쟁점을 소개하는 과정에서 공영방송의 성격상 중립적인 입장을 취하려고 노력한다. 그러나 우리 시청자들은 종합편성채널이 제공하는 각 층의 입장이 드러나는 발언, 뉴스도 함께 접하고 있다. 물론 과도하게 선정적인 정보를 제공하거나 편파적인 인터뷰를 통해 시청률을 높이려는 종편의 전략을 따라할 필요는 없지만 그러한 뉴스에 흥미를 가지는 시청자들이 존재한다는 점은 KBS가 보다 많은 시청자를 끌어안기 위해 고민해야 할 부분이다.

〈KBS 뉴스9〉는 10년 전에 비해 새로운 코너를 도입하는 시도를 통해 변화를 꾀했다. 이러한 변화는 뉴스 생산자·수용자 측면에서 장단점이 존재한다. 분명한 것은 KBS 메인 뉴스의 심층성과 전문성 강화가 생산자와 수용자 모두에게 긍정적이라는 점이다. 수많은 뉴스 제공자들과의 경쟁에서 〈KBS 뉴스9〉가 지금의 장점은 강화·유지하고 단점을 보완한다면 보다 많은 시청자에게 소구할 수 있는 뉴스가 될 수 있을 것이다.

연습유제 8-1

KBS 수신료는 현재 2,500원이다. 1981년부터 지속된 요금이다. 이를 4,000원으로 인상하기 위해 KBS는 다양한 홍보활동을 전개해 왔다. 시청률 경쟁을 지양하고, 고품격 공영방송을 구현하기 위해서라고 한다. 하지만 최근 감사원이 KBS의 방만경영 문제를 지적하면서 수신료 인상에 암초를 만났다. 시민단체들 사이에서는 KBS 보도가 정권의 눈치를 보고 공정하지 못하다는 이유로 반대를 하기도 한다. KBS 수신료 문제에 대한 해답을 ① KBS의 입장에서 ② MBC의 입장에서 ③ JTBC 등 민영방송의 입장에서 각각 500자씩 서술하라.

[예상문제]

연습유제 8-2

올해 KBS의 특별기획 프로그램을 생각나는 대로 쓰고, 이를 비평하라.

[예상문제]

연습유제 8-3

최근 들어 지상파 방송에서는 대하사극의 방영이 줄었다. 재정적인 문제 때문에 편성이 줄어들고 있다. 공영방송의 입장에서 대하사극의 제작에 대한 입장을 논하라.

[2017 KBS 변형]

연습유제 8-4

KBS 수신료 분리징수에 대한 본인의 입장을 논하라.

[예상문제]

연습유제 8-5

메인 뉴스에 나간 현장 제보 영상이 AI가 만든 조작 영상으로 밝혀졌다. 보도국 책임자인 당신은 어떻게 할 것인가.

[예상문제]

논제 9

일간베스트저장소(일베)는 계속 논란이 되는 사이트다. '민주화' 같은 단어에 대해 비하적인 뉘앙스를 붙이는 것은 기본이고, 진보진영의 대선주자에 대해서 조롱을 하거나 악성 글을 올리는 것은 일상적이다. 대한민국 대표 극우 사이트라는 이야기도 있다. 젊은이들은 왜 일베를 하는가? 일베를 필두로 한 극우 담론은 왜 젊은 세대에게 광범위하게 유통되는지 논하라.

[2013 미디어오늘 변형]

수험생 답안

신생 보수 성향의 커뮤니티로 알려진 일베저장소는 비도덕을 넘어 위악(僞惡)에 가깝다. 특정 지역 비하 언어를 쓰고 전직 대통령의 이름을 넣어 말장난을 하고, 욕설은 기본이며, 여성을 욕한다. 일베는 필시 적을 만들 수밖에 없다. '일베 하는 남자를 조심하라.'라는 수칙이 여성들 사이에 돌 정도다.

그러나 공을 바닥에 세게 튀기면 높게 튀어 오른다. 반작용과 작용의 원리로 생각해보자. 인터넷 커뮤니티는 하위문화의 집산지다. 뉴스에서 보지 못한 뒷이야기, 거친 농담, 항간에 떠도는 정보가 웅덩이 고이듯 모인 것이다. 그런데 정치 성향을 기준으로 볼 때 보수에 속하는 커뮤니티는 디시인사이드와 일베뿐이다. 수십 개는 족히 될 커뮤니티 중 단 2개만이 대표로 꼽힌다. 인터넷에서의 정치 성향이 편중돼 있다는 뜻이다. 일베가 나타나기 전, 디시인사이드를 제외한 거의 모든 인터넷 공간이 진보에 점령됐었다고 해도 과언이 아니다.

위악스러운 분위기의 일베는 그런 편중된 인터넷 문화에 대한 반작용이다. 2008년 당시 광우병 괴담 때문에 시위가 확산됐고, 지금은 폭침으로 기정사실화된 천안함 사건이 당시엔 좌초설로 몰렸을 만큼 인터넷상의 허위사실과 선동적 분위기는 과열 상태였다. 2013년의 일베는 그 반대다. 철저한 사실관계와 수십 장의 사진으로 증거를 제시하며 논지를 편다. 극우적이라기엔 고개가 끄덕여질 만큼 실증적인 면도 있다. 오세훈 시장의 '디자인 서울'의 긍정적인 면을 비춘 게시물엔 50여 장의 증거 사진이 실렸다. 이전의 인터넷 문화에 결여돼 있던 부분을 일베가 메워주고 있는 것이다.

결국 일베는 인터넷 하위문화가 총체적으로 균형을 찾아가는 시점에 나타난 '반대편의 추'라고 해야 할 것이다. 어떤 커뮤니티에 들르든 그것은 개인의 몫이다. 일베나 오늘의 유머를 하는 것이 그 개인의 잘못이라 할 수는 없다. 그러나 개인이 들를 수 있는 커뮤니티가 다음 아고라나 오늘의 유머 같은 진보 성향의 커뮤니티뿐이라면 문제가 된다. 인터넷 사회가 도리어 개인의 선택의 자유를 보장해주지 못하며, 일방적인 선택을 강요한다는 이야기가 되기 때문이다.

"당신의 의견에 동의하지는 않지만 당신의 말할 자유를 위해 끝까지 싸울 것"이라는 볼테르의 말처럼, 민주주의는 다양한 생각을 마음껏 표현할 수 있을 때 완성이 된다. 인터넷 공간이 민주주의의 보완수단으로 거론되는 것은 각 군중이 좀 더 자유롭게 의견을 표출할 수 있는 플랫폼으로 여겨졌기 때문이다. 그러나 플랫폼만 있다 해서 인터넷상의 민주주의가 완성되진 않는다. 되도록 다양한 스펙트럼의 사람들을 포용할 수 있는 다양성이 보장돼야 한다. 진보 성향 커뮤니티로만 점철된 인터넷은 공론장 기능을 하지 못하고 이익집단으로 전락할 뿐이다.

> 물론 보수 성향의 사이트가 적은 상태에서 일베가 대표적 커뮤니티 역할을 하게 되는 것이 환영할 일만은 아니다. 여성 비하와 '고인(故人) 드립'은 언젠가는 시정돼야 할 일이다. 그러나 그것이 일부 반대론자가 말하는 것처럼 일베가 완전히 사라져야 할 이유는 아니다. 일베가 있기에 전체적인 인터넷의 표현의 자유는 더 커지기 때문이다.

해설

일베 논란은 여전히 진행되고 있다. 2012년 대선 당시 '좌파 저격'을 자임하며 인터넷에서 맹위를 떨쳤던 일베는 최근에도 계속해서 극우 담론이 유통되는 주요 채널로 남아 있다. 예전에 비해 활발하지는 않지만, 일베에서 만들어낸 가짜 로고 등이 방송을 타면서 논란을 일으키는 것 등을 감안하면 여전히 논술 주제로서는 유효하다. 이 책에는 최대한 수험에 맞는 분석 위주로 해설과 답안을 수록했다.

본래 한국 인터넷은 2000년대 초반부터 진보 진영이 휘어잡고 있었다. 특히 일베 덕을 못 본 것은 이명박 정부다. 광우병 괴담 당시 쏟아지는 비난의 화살에 대한 대응논리가 인터넷에는 전무했다. 반 MB 정서는 흘러 촛불시위와 명박산성으로 대변됐고, 결국 MB 정부는 5년간 촛불의 그림자만 봐도 두려움을 느꼈다. (본인들이 그렇게 느끼지 않았다면 어쩔 수 없겠지만)

하지만 2012년 대선과 박근혜 정부의 출범 과정에서는 진보 위주로 된 인터넷 네티즌들의 공격 '약발'이 먹히지 않은 경우도 꽤 있었다. 정부와 여당에 대한 비판을 담은 댓글에는 수백 개의 반론이 달리고, 한 정치인이 한 발언이라고 알려진 기사가 뜨면 원문을 찾아내 해당 문장이 없다는 점을 찾아내는 경우도 있었다. 일베였다.

오늘날 일베는 국내 대표적인 극우 사이트가 됐다. 2ch 등 해외 극우 사이트들과 비견될 정도다. 이 논제에서 수험생은 비교적 일베의 극우 담론 형성 과정을 분석적이고 논리적으로 풀어냈다. 신문 칼럼에서 많이 원용하는 인터넷 하위문화를 기본 프레임으로 삼았다. 이 정도 쓴다면 필기시험은 통과할 수 있을 것이다. 하지만 이 문제가 그대로 나올 가능성은 없고, 언론사 나름대로 새로운 방식으로 논제를 출제할 것이기에, 새로운 답안을 준비했다.

새로운 답안에서는 일베를 많이 쓰는 젊은이들이 고교 수업에서 배운 역사관이라는 프레임으로 풀어봤다. 실제로 필자가 권위주의 정부시절 중고교를 다니면서 반공이념에 치를 떠는 한 70년대생 선배와 논쟁을 하면서 생각해 봤던 내용이기도 하다.

수험생 독자들도 위의 수험생 답안과 아래 새로운 답안을 비교 음미하면서, 자신이 바라보는 일베의 담론 형성 과정, 일베의 진영 논리, 패거리 문화 등에 대해서 방향을 잡아보기 바란다. 꼭 나올 것이다.

새로운 답안

　우익 사이트가 나타난 것은 그리 새로운 일은 아니다. 인터넷에서 좌파 담론은 광범위하게 유통된 지 10년이 넘었는데, 고작 3년 남짓한 우파 담론의 장이 생겨난게 무슨 대수인가. 하지만 일베가 문제가 되는 것은 단순히 보수진영 네티즌이 모여있기 때문만은 아니다. '노 고무통 전 현대령'이라는 말과 '노알라'라는 그림 딱 두 개만 대대라도 문제점이 금세 드러난다. 전자는 고 노무현 전 대통령을 비하해서 사용하는 단어들, 후자는 노 전 대통령을 코알라와 합성한 비하 사진이다.

　일베의 비하는 노 전 대통령에서 그치지 않는다. 성별, 지역, 국적, 정치적 성향 등 다양한 카테고리로 남을 타자화하고, 희화화, 폄훼한다. 여자는 김치녀(한국 여성을 비하하는 말), 전라도 출신은 '7시 지역', '통수(뒤통수를 친다는 뜻의 비하)' 등으로 표현된다. 조선족, 외국인 노동자, 비(非) 새누리당 지지자 등 다양한 계층이 타깃이 된다.

　일베 담론이 생겨나고 또 젊은 세대에 유통되는 맥락은 70~80년대 권위주의 정부시절의 초중고 교육과 유사하다. 과거 70~80년대 학생들은 반공주의를 강요받았다. 대학에 진학한 뒤 독재와 민주화 열망 등을 접하고는 자연스레 진보적인 이념을 가지게 됐다. 오늘날 대학가에서도 80년대 민주화 운동의 뿌리를 잇는 젊은이들이 많다.

　하지만 일베에 빠져든 고교생과 20~30대들은 좌편향 고교 선생님을 탓한다. 20~30대 일베 회원들은 학창시절 진보 편향 교사들의 수업에 대해 반발한다. 가난을 극복한 산업화 세대를 무조건적으로 비난만 해서는 되겠느냐는 이유를 댄다. 이 때문에 386, 486 세대가 추구해왔던 민주화라는 가치를 '싫어요'라는 뜻의 아이콘으로 사용한다. 싫으면 민주화를 누르고, 좋으면 일베를 누른다.

요즘 일베 고교생들은 한 술 더 뜬다. 수업시간에 무조건 박근혜 전 대통령 때문이라고 비판하는 교사의 모습을 동영상으로 찍어 국정원에 신고한다. '행게이'라는 이름의 린치도 많다. 길거리에 걸려있는 통합진보당의 현수막이 있으면 불법이라면서 구청에 신고해 철거를 요구한다. 새누리당의 현수막은 괜찮은 것인지 의문이다.

물론 일부 '행게이'와 '저격'은 긍정적인 측면도 있다. 정치 프레임에 묻혀 사실관계가 불분명할 때, 일베 회원들이 최종 팩트를 확인해 논란을 종결시키거나, 사진 자료 등이 조작된 것을 밝혀내는 사실들이 그렇다. 성공한 정책을 자신의 공으로 돌리려는 정치인들이 멈칫하게 하는 효과도 있다.

하지만 일베 특유의 폐쇄성과 배타성, 린치문화 등은 일베의 장점마저 단점처럼 보이게 한다. 세상의 절반은 여자고, 상당수는 전라도 출신이며, 국내 상주 외국인은 100만 명이 넘었다. 지난 대선 당시 민주당 지지자는 49%였다. 그래서 일베의 극우 담론은 광범위하게 퍼져 있다고 치더라도 결코 정당화 될 수 없다. 일베 회원만 살기에 세상은 너무 크고 다양하다.

연습유제 9-1

어떤 사람이 보수 정당을 지지하는가?

[예상문제]

연습유제 9-2

방송사들이 일간베스트저장소(일베) 회원들이 만든 합성이미지로 곤혹을 치르고 있다. MBC 〈기분 좋은 날〉에서는 화가 밥로스의 사진을 방송하면서, 노무현 전 대통령과 합성된 사진을 잘못 사용했다. SBS 〈런닝맨〉에서는 고려대학교 마크에 교묘하게 일베의 상징인 'ㅇㅂ'이 합성된 이미지가 전파를 탔다. 그 이전에도 〈SBS 뉴스8〉에서도 노무현 전 대통령을 비하하는 이미지가 나갔고, 〈MBN 뉴스8〉에서도 연세대학교 마크에 'ㅇㅂ'이 합성된 이미지가 방영됐다. 이런 방송 사고를 막을 수 있는 방안은 무엇일까?

[예상문제]

연습유제 9-3

홍대 앞에 세워진 '일베 조형물'을 어떻게 봐야 할까. 철거와 존치 등 자신의 입장을 정하고, 자유롭게 논하라.

[2016 SBS 변형]

논제 10

18대 대선의 화두는 경제민주화였다. 일부 재벌 기업에 쏠린 부의 편중을 완화시킨다는 뜻에서 나왔다. 헌법 119조 2항에 나온, '국가는 균형 있는 국민경제 성장과 적정한 소득 분배, 시장 지배와 경제력 남용 방지, 경제 주체 간의 조화를 통한 경제민주화를 위해 경제에 관한 규제와 조정을 할 수 있다.'라는 조항에 근거한다. 하지만 경제민주화가 경제적 창의와 자유를 제한한다는 반론도 있다. 경제민주화와 효율성 간의 관계를 분석하고, 바람직한 경제민주화의 방향에 대해 논하라.

[2013 한국경제·뉴시스 변형]

수험생 답안

투자한 만큼 이득을 얻는 것은 경제활동의 상식이다. 그런데 이 상식이 통하지 않는 때가 있다. 소수의 기업이 경제구조를 독식할 때다. 이처럼 한 경제주체가 막대한 자본을 기반으로 시장을 독점하면 다른 경제주체가 정당한 경제활동으로 이윤을 얻기 어려워지고, 경제구조 불균형과 경제 전체의 불안정으로 이어진다.

대기업의 중소기업 업종 진출이나 대형마트의 골목상권 진출은 자본 독식을 바탕으로 한 불공정한 경쟁임이 분명하고, 개선이 필요하다. 문제는 불공정하다는 이유로 이러한 대기업의 소(小)상권 진출을 막는다고 해서 소상공인, 중소기업이 진정으로 경쟁력 있는 경제주체로 거듭날 수 있느냐는 것이다. 서울시는 대형마트 의무휴일을 지정해 중소상공인 보호에 나섰지만 초반에만 잠시 매출 증대 효과를 봤을 뿐, 실제 효과는 미미한 것으로 드러나고 있다. 더욱이 대형마트 자체의 유통구조도 간단하지 않아 대형마트 휴업으로 그곳에 납품하는 중소상공인이 역으로 피해를 보기도 한다. 대형마트를 마냥 '악'으로 보고 때려잡는 식으로는 정작 보호대상인 '작은 상인'을 살리기 어렵다는 것이다.

따라서 현재 정책의 초점을 단순한 대형마트나 기업 규제가 아닌, 소상공인의 자립에 맞춰야 한다. 경제민주화나 대형마트 규제의 궁극적인 목적은 규제 그 자체가 아니라 이들을 살리는 것이기 때문이다. 서울시에서 시행하는 '슈퍼닥터' 제도를 전국적으로 확대하는 것은 어떨까? 대형마트 인근 중소상인을 상대로 컨설팅을 해주는 것으로, 이를 받은 상인 중 80%가량이 도움이 됐다고 답했다. 이들이 실제로 해주는 일은 필요 없는 '악성 재고'를 정리하고 물품을 재배열하는 등 대형마트의 간단한 마케팅 기법을 전하는 것이었는데도 슈퍼들은 매출 증대 효과를 봤다. 간단한 정보의 유통으로도 도움이 될 수 있다는 의미다. 이와 함께 소상공인만이 할 수 있는 방법으로 유통망을 줄이는 등 가격경쟁력을 확보해 나가야 한다. '공동물류센터'나 협동조합으로 '아래로부터의 경제'를 만들어 갈 수 있다.

다리를 다친 사람에게 목발은 도움이 될 수 있지만 다리 그 자체가 될 수는 없다. 이와 마찬가지로 대형마트나 대기업을 일방적으로 규제하는 건 소상공인이라는 진짜 목적을 간과한 채 잘못된 수단에 매달리는 것과 마찬가지다. 완력으로 밀어붙이기만 해서는 문제를 해결할 수 없다. 작은 상인을 위한, 작은 상인에 의한 자생(自生)의 예와 노하우를 발굴하고, 생존 활로로 삼으려는 노력이 절실하다. 결국 그것이 경제민주화 헌법 119조 1, 2항을 모두 잘 실현하는 일이기도 하다.

해설

논술 답안을 쓰기 전에 해야 할 일이 뭘까. 3가지가 있다. 문제를 제대로 파악하고, 문제의 요구대로 글을 작성하며, 더 나아가 문제에 감춰진 출제의도를 파악하는 것이다. 글이 수려하지 않은 지원자들의 경우, 수험생 당신의 생각이 아닌 출제자가 원하는 답안을 정교하게 쓰는 것이 수험생활을 단축하는 길이 될 수 있다는 점을 잊지 말자. 물론 글을 수려하게 쓰는 수험생들은 3번째 조건, 즉 감춰진 출제 의도와 다르게 써도 된다.

수험생 답안지를 살펴보자. 수험생이 쓴 논술 답안에선 경제민주화와 효율성의 관계를 살펴볼 수가 없다. 오로지 대형마트 – 골목상권 이야기를 제시한 건 생활 속 예시라 바람직했지만, 단지 그 뿐이다. 짐작건대 수험생은 경제민주화의 방향에 대해 피상적으로 접근했을 가능성이 높다.

출제의도를 알아챌 수도 없었다. 출제자는 '경제민주화와 효율성 간의 관계를 분석하고'라는 대목에서 경제민주화 정책이 시장 효율성에 역행할 수도 있다는 문제제기를 기대했을 수 있다. 더 나아가 분배 위주의 정책이 초래하는 시장 비(非)효율성 문제, 경제민주화가 시장경제에 반한다는 논리까지도 치고 들어갈 수 있다. 이러한 것들을 계산하고 논술을 썼다면 더 바람직한 답안이 나왔을 것이라고 생각한다.

한 걸음 더. 대개 수험생들이 경제 논술에서 쉽게 범하는 오류 3가지가 있다. 첫째, 경제 문제를 다루는 논술이면 글을 객관적으로, 탄탄한 근거를 밑바탕에 두고 써야 하는데 감정만 앞선다. 아직 경제학 원론을 읽지 않은 수험생이라면, 꼭 한번 일독을 하자. 수험생들의 합격이 그만큼 가까워진다. 둘째, 마음은 뜨거운데 머리는 차가운 바람에 당신의 사고 회로가 '인지 부조화' 상태에 빠지는 경우가 있다. 이렇게 되면 시험장에서 글을 망친다. 따라서 머리에서 열을 빼고, 차분하고 이성적으로 답안을 작성해야 한다. 당신이 경제 원론을 공부하면서 배웠던 대로 글을 쓰면 된다. 셋째,

답안을 작성하면서 당신의 대안이 모든 문제를 단칼에 해결할 수 있다고 믿는 과신론자들이 있다. 경제는 한 가지 문제를 해결하면 다른 문제가 또 생기기 때문에 '만병통치약'은 없다. 이 또한 유의하자.

새로운 답안

마트에 도착해서야 강제휴무일이라는 것을 알고 헛걸음을 친 적이 있는지. 그렇지 않아도 복잡한 머릿속에 마트 휴무일까지 넣고 다니다가, 그것마저 깜빡했다면 기분이 오죽했겠는가. 다시는 일요일에 마트에 오나 봐라, 남는 것은 심술궂은 다짐뿐이다. 강제휴무일이 아닌 일요일에도 대형마트 매출이 예전 같지 않은 한 가지 이유라니, 웃을 수만도 없는 일이다.

대형마트의 일요일 매출은 평일의 2.5배에 이른다. 한 달에 이틀은 그 매출이 통째로 사라지고, 남은 두세 번의 일요일 매출도 덩달아 줄어들고 있다는 얘기다. 이렇게 대형마트가 마이너스 성장을 한 지 벌써 1년이다. 심지어 한 달에 10% 넘게 매출이 감소하는 경우도 있다고 한다.

더 큰 문제는 마트 납품업체의 92~93%가 중소기업이라는 점이다. 매출이 줄었다고 당장 마트나 대형 식품회사부터 망하겠는가. 영세 납품업체부터 죽어 나간다. 한계선상에 있던 영세기업은 더 이상 회사를 운영할 수 없다며 납품권을 반납하고, 마트 수탁 농가는 납품 물량이 갈수록 줄어들어 밭을 갈아엎는다고 한다. 이게 무슨 일인가.

재래시장이라도 재미를 본다면 모르겠는데, 그렇지 않다. 달라진 게 없다. 대형마트가 문을 닫는 일요일 재래시장을 찾는 사람은 손에 꼽을 정도다. 정부 조사에서도 마트 강제휴무 때 재래시장 매출이 오히려 감소한 것으로 나타나지 않았는가. 반사이익은 편의점과 전자상거래업체들이 누린다. 재래시장이 여전히 일요일에 문을 닫는 이유다.

대형마트 강제휴무의 정책목표는 골목상권 보호다. 그런데 정책목표는 온데간데없다. 마트는 다치고, 중소기업은 죽어 나가고, 농민들은 제 밭을 갈아엎는다. 과연 누구를 위한 정책인가.

마트 정책만이 아니다. 재벌 빵집이 사라졌다고 동네 빵집이 흥했는가. 대기업이 소모성자재구매대행(MRO)사업에서 떠났다고 중소기업이 좋아졌는가. 빵집은 중견 대기업이 넘겨받았고, MRO 시장에서는 외국계만 신이 났다. 소비자들의 선택 폭만 줄어들었고, 중소기업과 골목상권은 오히려 사정이 나빠졌다. 경제민주화 정책의 결과가 모두 이 모양이다. 소비자뿐만 아니라 생산자, 기업까지 전부 손해만 보고 있다. 효율성이 개선될 리는 만무하다.

중소기업 보호도 마찬가지다. 중소기업의 경쟁력과 수익성은 다른 것이다. 우리 경제에 필요한 것은 경쟁력 있고 역동적인 중소기업 생태계이지, 현재의 중소기업들이 현실에 안주하면서 편하게 돈을 벌 수 있도록 해주자는 것이 아니다. 중소기업 적합업종의 지정이나 타율적인 동반성장 요구는 중소기업의 수익성을 높일 수는 있겠지만 생산성과 경쟁력을 높이지는 못할 것이다. 중소기업들을 대표하는 단체인 중소기업중앙회마저 과도한 경제민주화를 경계한다는 성명서를 낸 이유를 꼼꼼히 살펴봐야 한다.

국민이 원하는 건 경제 활성화를 통한 소득과 일자리의 창출이다. 그러나 지금까지 정치권과 정부에서 추진한 경제민주화는 이런 국민적 기대와는 거리가 있다. 기업 규제와 증세로 경제를 살리는 것은 이론적으로나 현실적으로 불가능하다. 경제민주화의 각론에 대한 면밀한 평가가 필요하다.

연습유제 10 - 1

가상화폐에 대해 미래 기술이라는 긍정적 입장과, 가치 없이 투기만 조장한다는 부정적 입장이 있다. 이에 대해 자신의 입장을 논하라.

[2018 지디넷 변형]

연습유제 10 - 2

최저임금 인상이 경제에 미치는 영향에 대한 자신의 입장을 쓰라.

[예상문제]

연습유제 10 - 3

공직자의 부동산 소유에 대해 논하라.

[예상문제]

연습유제 10 - 4

도지코인 등락과 게임스톱 사태를 바탕으로 오늘날 글로벌 경제의 특징을 논하라.

[예상문제]

연습유제 10 - 5

우리나라 노동 현실을 평가하고, 비정규직 문제 해결을 위한 본인의 대안을 제시하라.

[2017 문화일보 변형]

 논제 11

전세와 임대차는 별개의 개념이다. 임대차는 상대방이 어떤 물건(부동산)을 사용하기로 하고, 이에 대해 정기적으로 사용대가(차임)를 지급하기로 약정하는 계약(채권)이다. 반면 전세는 한국에서만 존재하는 독특한 형태의 물권(物權)이다. 임대차의 경우 원칙적으로 등기를 하지 못하고, 임대차보증금 역시 필수적인 요소가 아닌 반면, 전세는 등기사항일 뿐 아니라 해당 부동산 시가의 70%(많게는 90%까지도 있다) 전후한 금액을 소유자가 받아놨다가, 전세계약 종료 시 전세권자에게 반환하는 전세금을 필수적인 요건으로 한다. (결국 소유자는 전세금의 이자를 그 사용 대가로 받는 것이다) 하지만 부동산 기사에서는 편의상 전세로 통일한다. 당신이 담당기자라면 다른 개념의 구분 없이 정확히 용어를 사용해 보도하겠는가, 아니면 편의상 전세로 통일하겠는가?

[2014 한국일보 변형]

수험생 답안

　뮤지컬로 각색된 후 더욱 유명해진 카슨 매컬러스의 〈슬픈 카페의 노래〉는 '사랑'의 정의에 대해 이야기한다. 마을에서 가장 잘생긴 사나이는 거구의 여인을 소유하려 한다. 거구의 여인은 꼽추를 아낀다. 꼽추는 잘생긴 사나이를 숭배한다. 그들은 다른 형태의 감정을 가지고 있었다. 하지만 마을 사람들은 셋 모두를 '사랑'이라 부르며 이해한다. 더 이상의 구분은 생략되어도 되기 때문이다.

　기사는 누구나 이해 가능한 수준에서 작성되어야 한다. 주제가 어려운 경우일수록 더욱 그렇다. 엄밀하게 말하자면 전세는 임대차의 부분이다. 따라서 전세는 임대차라는 말을 대체할 수 없다. 그러나 '마을 사람들'에게는 전세의 개념이 임대차의 개념보다 확실하다. 이미 임대차는 전세로 통칭되고 있다. 잘 쓰이지 않는 임대차라는 낯선 용어가 도입된 기사는 가독성이 떨어진다. 알고 있던 개념을 수정해야 할 뿐만 아니라 새로운 개념까지 알아야 한다. 오히려 독자들의 혼란을 야기하게 되는 것이다.

　구분해야 할 필요성도 찾기 힘들다. 기사는 현실에서 발견되는 오류를 지적해야 한다. 하지만 이 경우 임대차와 전세가 다른 개념이라며 구분하는 것에서 오는 큰 장점이 없다. 전세라는 '부분'이 임대차라는 '전체'로 환원되는 과정에서 발생하는 오류가 있다면 기사에서 분명하게 구분해야 한다. 그러나 이때까지 전세로 통용되고 있다는 사실이 문제가 없다는 것을 증명한다. 이용자들의 편의상 굳어진 언어의 사용을 '정확'한 사용이 아니라는 이유만으로 정정하는 것은 소탐대실이다. 이미 사용되고 있는 개념을 고치는 데 드는 기회비용이 클 뿐만 아니라 고쳐서 얻는 것이 거의 없기 때문이다.

사람들은 기사를 통해 유용한 정보를 얻는다. 그러나 기사에서 말하는 내용과 현실에서 통용되는 내용이 맞지 않는다면 유용성을 잃게 된다. 전세와 임대차를 구분해 쓰는 것이 자신의 기사 안에서만 벌어지는 일이라면 아무 의미가 없다. 독자들에게 별다른 시사점을 남기지 못하기 때문이다. 현실에 기반을 두지 않은 기사는 존재 이유가 없다. 독자들을 헛수고하게 만든 것이다. 기자도 헛수고를 하게 된 것이다. 그러므로 유용하지 못한 기사를 만드는 것은 담당기자가 가장 피해야 할 일이다.

　마을 사람들이 원하지도, 필요로 하지도 않는 어려운 개념은 기사에 독이 될 뿐이다. 카슨 매컬러스가 소유욕이나 숭배를 사랑과 구분지어 썼다고 해보자. 꼽추의 사랑은 사랑이 아니고, 거구의 여인의 그것만 사랑이라고 한다면 사람들은 어리둥절할 것이다. 흔히 알고 있는 '사랑'이라는 말을 헷갈리게만 할 뿐이다. 다만 담당기자는 카슨이 '이것 모두가 사랑이다.'라고 말해 준 것과 같이 명시할 수 있다. 전세 개념으로 쓴 기사 말미에 임대차와 전세의 차이, 편의상 전세로 통칭해 사용했다는 점을 독자에게 알려 준다면 친절하면서도 정확한 기사가 될 것이다.

해설

필자의 지인인 변호사에게 이 문제를 주며, 법률가로서 국민에게 어떻게 해설을 하겠느냐고 물었다. 그는 이렇게 말해줬다.

"전세는 등기가 있고 월세를 내지 않지만, 임대차는 등기가 없는 것이 원칙이고 월세를 내야죠."

임대차 문제에서는 임차인 보호가 가장 큰 화두다. 전세를 선호하는 이유는 임대인이 목돈을 만질 수 있고, 임차인의 경우 월세가 나가지 않고 원금을 돌려받는다는 점이 장점이다. 등기의 역할 역시 중요하다. 법원에 등기를 하면 전세기간, 전세금에 대한 담보적 효력 등이 모두 보호가 되기 때문이다. 물권인 전세의 특성에 따른 장점이다.

반면 임차권은 채권이다. 본 책에서는 물권과 채권의 차이에 대해서는 별도로 언급을 하지 않겠다. 임차권은 채권이라 보증금을 되찾는 과정이 번거롭고, 법적으로 보호장치가 완비되지 않았다. 게다가 대부분의 계약서에 있는 약관을 읽어 보면 2회 이상 임대료(월세)를 내지 않으면 계약이 파기된다. 집에서 나가야 한다는 이야기다.

하지만 주택임대차보호법과 상가임대차보호법의 신설로, 주민등록 전입신고와 동사무소에서 받는 확정일자 등을 통해 임차인의 열악한 지위를 보완해 주는 법적 장치가 신설됐다. 채권인 임대차가 물권인 전세권에 가까워지고 있는 것이다. '채권의 물권화'라는 말로도 설명할 수 있다.

이 때문에 오히려 전세와 임대차의 엄밀한 개념 차이에 대해서 분석하기보다는, 독자나 시청자가 뭘 원하는지에 대해서 '수용자 입장'으로 생각해 봐야 할 필요가 있다. 대중매체에서 수용자라는 개념은 중요하다. 우리 모두 소위 매스컴에서 일하려는 사람들이다. 수용자, 즉 독자나 시청자는 어떤 뉴스를 원하는가. 전세 문제에서 물권과 채권의 엄밀한 구별을 원하는지, 아니면 시청자가 당장 전세 대란을 이겨 낼 방안을 소개하는 것이 먼저인지 생각해 볼 필요가 있다.

그래도 법적인 미비 때문에 임대차 또는 전세 과정에서 보호를 받지 못하는 임차인이 있을 수 있다. 이 때문에 경제부 또는 부동산부 기자라면 항상 임대차 또는 전세 현장을 돌아보고, 또 다양한 전문가들의 이야기를 들으면서 사회적·경제적 약자들의 피해 가능성을 주시해야 하겠다.

전세금 인상에 대한 경마식 보도 역시 생각해 봐야 할 대목이다. 입시철, 이사철만 되면 강남 무슨 아파트의 전세 값이 얼마를 돌파했다는 등의 보도가 쏟아진다. 수용자들이 그걸 원하는지, 그런 보도 양태가 올바른지에 대해서도 비판적으로 쓸 수 있어야 한다.

이 논제는 '지식 부재 상황에서의 글쓰기'라는 콘셉트를 제대로 보여 주는 스타일이다. 수험생 그 누구도 채권과 물권의 차이, 전세와 임대차의 실생활에 있어 차이, 임대차보호법 도입 이후 채권의 물권화 경향 등에 대해 맥을 뚫는 보도는 할 수 없었을 것이다.

하지만 이는 이 책을 기획할 때 주된 원칙으로 삼았던 내용이기도 하다. 언론사 입사 논술시험 현장에서는 지식이 부족하다. 광범위한 사회 현상에서 무슨 내용이 나올지도 예측 불허한 상황이 많거니와, 세세한 지식까지 커버하는 것은 현실적으로 불가능하기 때문이다.

우리는 글쟁이고, 수험생이라면 글을 써야 합격이 된다. 몰라도 써야 한다.

제시된 수험생의 답안에서는 매컬러스의 〈슬픈 카페의 노래〉에서 나온 이야기를 풀어내면서, 기사는 누구나 이해가능한 수준에서 작성되어야 한다는 당위론을 제시했다. 하지만 대안이 없고 다소 감상적으로 흘렀다는 단점을 제시해 볼 수 있겠다.

이 논제에 대해서는 따로 수험생 답안을 첨삭하지는 않았다. 이런 저런 내용을 준비해 수정을 본다고 하더라도, 실전에서는 도루묵이기 때문이다. 전세와 임대차에 대해 논술 내용을 암기하고 또 써봤는데, 정작 사금융과 햇살론의 구조적 문제 등에 대해서 출제된다면 소용이 없기 때문이다. 따라서 이번 문제는 한국일보에 최종합격한 신입기자가 복원한 답을 싣는 것으로 갈음한다. 수험생의 글과 비교를 하면서, 합격자의 셀링 포인트가 무엇인지 연구해 보자. 그리고 자신만의 새로운 합격권 답안은 어떻게 쓸 수 있는지도 고민해 보자.

또한 이번 수정 답안은 논제3과도 연관된 문제로 풀어볼 수 있다. 함께 비교해 가면서 음미해 보기를 바란다.

새로운 답안

'신문의 위기'라고들 한다. 이미 너무 많이 들어 진부하기까지 한 말이다. 그러나 그간 '위기'란 외침이 무색할 정도로 기성언론의 대응은 안일했다. 대부분의 기성언론은 낮은 지면구독률을 극복하기 위해 단순히 지면 기사를 PC나 모바일 등으로 반복해서 내보내는 데만 치중했기 때문이다. 사람들이 왜 신문을 외면하는지, 왜 신문이 위기에 처했는지 등에 대한 근본적인 질문과 대답은 어디에도 없다. '신문의 위기'란 말이 공허한 이유다.

'위기' 극복의 실마리는 사소한 것에 있다. 우선, 같은 기사를 다르게 쓰는 것에서부터 시작해야 한다. 하나의 보도자료를 가지고도 다른 기사를 쓸 수 있어야 한단 뜻이다. 단순히 다양한 시각으로 심층적인 취재를 하는 것에서 한 발 더 나아가 사소한 것부터 비틀어볼 수 있어야 한다. 가령 보기에서처럼, 전세와 임대차가 엄연히 다른 개념임에도 불구하고 '모두가 그렇게 하니까', '편의상' 등의 이유로 '전세'로 쓴다면 전혀 차별화될 수 없다. 그러나 만약 이 두 개념을 구분한다면, 1년 임대차계약일 때와 2년 전세계약일 때, 법적인 혜택은 어떻게 다르며 어떠한 제도의 영향을 받는지 등을 독자들에게 보다 세세하게 전달할 수 있다. '1년 계약'이란 새로운 사실을 보다 명확하게 독자들에게 전할 수 있게 되는 것이다. 이는 사소한 듯 보이지만, 용어를 정확히 구분해 주는 것만으로도 기사의 깊이가 달라질 수 있음을 보여 준다.

뿐만 아니라 독자의 궁금증을 단번에 해소할 수 있는 '친절한 기사'를 써야 한다. 최근엔 다양한 매체의 발달로 수많은 정보가 쏟아져 나오고 있다. 그러나 이 중 대다수의 정보는 단편적이고 신뢰도가 떨어진다. 때문에 독자들은 원하는 정보를 얻기 위해 다양한 검색어로 수십 번씩 검색해야 하는 번거로움을 감수해야 한다. 신문은 이 점을 노려야 한다. 즉, 하나의 기사에 다양한 정보를 심층적으로 담아내 독자들의 번거로움을 덜어 주는 것이다. 가령 보기의 '1년 계약'과 '2년 계약'이 개개의 독자들에겐 어떤 영향을 미치고, 어떤 독자에겐 무엇이 유리한지 촘촘하게 분석해야 한다. 독자의 소득이나 부양가족 수, 앞으로의 계획 등을 일정 기준으로 나눠 보여 주는 방식이다. 이는 기사의 완성도를 높이는 동시에 독자들을 되찾아 올 수 있는 가장 근본적인 방식 중 하나다.

신문의 위기는 단기간에 극복되지 않는다. 달라진 매체 환경에 적응하고, 신문 르네상스를 다시 한번 꽃피우기 위해선 취재와 기사 작성에 보다 많은 노력과 시간을 투자해야 한다. '이렇게 쓰면 독자들에게 어려우니 생략해야 하나.'를 고민하는 게 아니라 '어떻게 하면 독자들에게 정확하면서도 쉽게 설명할 수 있을까.', '가독성을 높이려면 어떻게 해야 할까.'를 고민해야 하는 것이다. 가장 기본적이면서도 꼭 필요한 이 부분이 고쳐지지 않는다면, 위기는 언제고 반복될 수밖에 없음을 명심해야 한다.

연습유제 11 - 1

대형 사건사고만 터지면 '내수가 얼어붙었다.'라는 식의 경제 기사가 쏟아진다. '세월호 참사로 내수 회복세 둔화 불가피', '세월호 참사로 소비 위축 … 내수침체의 늪 더 깊어지나' 등의 기사가 쏟아졌다. 일부에서는 9.11 테러 당시 미 대통령의 발언을 예로 들며, 가슴이 아파도 골목상권이나 영세상인 보호를 위해 내수를 진작해야 한다는 논리를 편다. 하지만 다른 한 편에서는 성급한 보도로 희생자와 유가족, 시청자 등의 마음에 상처를 줄 수 있다는 반론도 있다. 본인의 의견을 쓰라.

[예상문제]

연습유제 11 - 2

"대기업들이 돈 되는 면세점에만 몰두한다."라는 비판에 대해 논하라.

[예상문제]

연습유제 11 - 3

삼성전자는 위기인가? 자신의 분석을 제시하라.

[예상문제]

연습유제 11 - 4

흔히 수감된 재벌 총수들을 사면하자는 논리로 '투자 증대와 내수 진작, 고용창출' 등을 든다. 검찰 수사를 앞둔 재벌 오너들은 '경영 혼란' 등을 애로사항으로 내세운다. 이에 대해 논하라.

[예상문제]

연습유제 11 - 5

흔히 골목상권을 살려야 한다는 주장이 많지만, 청년들이 원하는 일자리는 골목상권이 아니다. 왜 그 간극이 생기는가?

[2016 한국경제 변형]

박근혜 전 대통령은 독일 드레스덴을 찾아 통일에 대한 구상을 밝혀 전 세계적으로 주목을 받았다. 드레스덴 공대 연설에서 박 전 대통령은 '드레스덴 구상'을 발표했다. 남북 공동 번영을 위한 민생 인프라 구축, 남북 주민의 인도적 문제 우선 해결, 남북 주민 간 동질성 회복의 3가지였다. 이는 박 전 대통령이 주창한 '통일대박론'의 연장선상이다. 하지만 북한은 박 전 대통령의 드레스덴 구상에 대해 "독일은 흡수통일로 이뤄진 나라로, 그곳에서 박근혜가 '통일'에 대해 입을 놀렸다는 것만으로도 불순한 속내를 짐작하고도 남음이 있다."라고 원색비난했다. 수험생의 통일대박론에 대한 의견을 제시하라.

[예상문제]

수험생 답안

돌고래는 헤엄을 치면서도 꿈을 꾼다. 숨을 쉬기 위해 수면 위로 올라와야 하지만, 피부가 연약해 햇볕에 오래 노출돼서는 안 된다. 돌고래가 끊임없이 움직일 수밖에 없는 이유다. 잠은 언제 자느냐고? 해법이 기발하다. 좌뇌, 우뇌를 번갈아가면서 쉬게 하는 거다. 돌고래의 몸은 계속 움직이고 있지만 꿈을 꾸고 있는 셈이다. 이런 돌고래는 통일로 가는 길목에 서 있는 남과 북이 나아가야 할 방향을 보여 준다.

남북통일은 경제 협력으로 시작해서, 궁극적으로 정치적 통일까지 이뤄야 한다. 박근혜 전 대통령이 말한 '통일대박'도 이와 맥락이 닿아 있다. 통일대박론이 경제적 효과에 천착해 다른 문제들을 간과하고 있다는 비판도 있다. 그런데 '통일대박'을 '남이 북에서 얻을 경제적 이익이 많으니 협력하자'는 의미로만 해석해선 안 된다. 정치적, 문화적 통일이라는 꿈을 잃지 않으면서도 돌고래가 헤엄치듯 지속적인 경제 교류를 할 때, 진정한 통일대박을 실현할 수 있다. 사상의 통일은 일종의 이념 전쟁으로, 합의를 이루기 어렵고 오랜 시간이 걸린다. 하지만 경제적인 교류는 상대적으로 쉽다. 중국의 덩샤오핑이 공산주의 체제를 유지하면서도 경제 개방에는 관심이 있었듯, 북한도 그럴 수 있기 때문이다. 북한의 김정은 위원장은 올해 신년사에서 산업, 건설 등 경제 분야에 대한 큰 관심을 드러냈다.

정치학자 시모어 마틴 립셋의 근대화론에 따르면, 경제적 번영이 민주주의를 촉진시킬 수 있다고 한다. 개성공단 등 남북 경제 교류가 활발해지면, 그 과실은 북한 주민에게도 전달된다. 교류 과정 속에서 북한 주민들은 남한의 자본주의 시장경제체제와 민주주의를 간접적으로나마 접할 수 있다. 또 북한의 경제지표가 높아질수록 자연스레 자본가 계급 또는 도시 중산층이 등장할 가능성이 높다. 립셋은 경제적·사회적 중산층의 등장이 자유선거를 통해 스스로 지도자를 선택하려는 욕구를 자극할 수 있다고 말한다. 결국 남북한 경제 협력에 따른 북한의 경제 발전이 궁극적으로 북한 내 민주화를 이룩하는 데 도움이 될 거라는 얘기다.

이러한 목표 아래, 남북한이 얻게 될 이익은 덤으로 따라온다. 덤이라고 치기엔 그 실익이 막대할 것으로 전문가들은 예상한다. 통일연구원의 조사에 따르면 2030년에 통일이 된다고 가정할 경우 6,300조 원의 경제적 혜택이 발생한다고 한다. 물론 이는 북한체제가 붕괴되어 흡수 통일되는 경우가 아니라 지금부터 점진적으로 경제 통합을 이루는 상황에서의 얘기다. 경제 통합을 이뤄가는 과정에서 신뢰가 쌓이면, 전쟁의 위험이 해소되고 그에 따라 국방비도 줄어들 수 있다. 이는 곧 국가신용도 상승으로 이어져, 국내 투자 활성화도 기대할 수 있게 된다.

'통일에 대해 지나치게 낙관하고 있는 게 아니냐', '오히려 경제적으로 손해를 입을 수도 있다'는 주장도 있다. 하지만 반박하고 싶다. 별거 중인 부부가 완전히 이혼할 수 없다면, 다시 함께 살기 위해 차근차근 노력해야 한다. 시작은 부부상담센터가 될 수도 있고, 일주일에 한 번씩 만나 함께 운동하는 것이 될 수도 있다. 결국 타협이 가능한 것부터 하나씩 해나가야 한다는 거다. 남과 북의 이해관계가 맞아 떨어지는 부분, 용인할 수 있는 부분이 바로 경제 협력 아니겠는가.

해설

'대박'이라는 단어로 포장이 되겠지만, 사실 그리 새로운 이야기는 아니다. 그동안 우리는 초·중·고 내내 평화통일의 원칙과 통일의 당위성에 대해 배워 왔다. 연방제 같은 북한의 논리에 대해서도 일정 부분 배웠다. 박근혜 전 대통령이 통일대박론을 들고 나오고, 드레스덴 공대에서 선언을 하더라도, 마땅히 새로운 논술 답안을 쓸 수 없는 이유가 그렇다.

똑 떨어지는 탁월한 논리가 없을 때에는 방어적으로 쓰는 것도 방법이다. 이럴 때는 글발을 좀 날리는 방법을 생각해 봐야 한다. '작문틱한 논술', '연설문 같은 감성적 논술' 등으로 불리는 스타일이다. 사실 논술 초심자들에게는 절대 소개하지 않는 방법이지만, 고급 언론고시 실전 연습이라는 책 제목에 맞춰 이 책에서는 곳곳에서 소개를 하고 있다.

수험생은 답안에서 자신이 알고 있는 지식 몇 가지를 버무리려 노력했다. 돌고래 이야기가 그렇다. 어디서 읽었는지는 모르겠지만(수험생이 돌고래를 관찰하지 않은 이상), 약간은 읽어서 쓴 것 같은 느낌이 든다.

또한 읽은 내용을 너무 구구절절하게 쓰면 오히려 독이 될 수 있다. 수험생의 글에 나오는 시모어 마틴 립셋의 근대화론 역시 최근에 독서로 취득한 지식같다. 오히려 한두 줄 정도 촌철살인 스타일로 언급을 한다면 모를까. 이를 구구절절 한 개 문단을 할애해서 쓰는 것은 오버다.

마무리에서는 딱히 쓸 말이 없어서 이혼한 부부 이야기를 쓴 것 같다. 첫 단락과 더불어 없어도 되는 단락이다. 이 논제의 새로운 답안에서는 과감히 앞뒤를 쳐 내고, 주제의식에 맞춰서 글발을 좀 날리는 스타일로 재작성해 봤다.

사실 '이러려고 우리가 박근혜 전 대통령의 연설을 들었나' 싶은 생각이 들기는 하지만, 통일대박론 등 박 전 대통령의 주요 공약은 발표 당시에는 국내 언론들로부터 호평도 많이 받았다. 하지만 최순실 비선실세 국정농단 사태 이후 모든 것이 정반대로 까발려진 느낌이다. 그 당시의 기사와 칼럼을 찾아 지금의 논조와 비교해 본다면, 좋은 논술 공부가 되지 않을까 싶다.

새로운 답안

통일은 대박이다. 모두가 안다. 경제적으로만 봐도 그렇다. '북한 리스크'로 경제가 저평가되고, 늘 불안한 외환시장의 속성이 있음에도 세계 10위권 경제대국을 이룩한 대한민국을 보면 그렇다. 세계 최악의 국가로 꼽히는 북한의 경제는 통일 이후 분명 발전할 것이다. 개성공단을 한반도 북단 전체로 확장한 꼴이 될 것이다. 남한 역시 북측과 합친 인구 1억 명 시대와 광범위한 지하자원을 무기삼아 주요 선진국으로 치고 올라올 것이다.

이명박 정부 때부터 통일 논의는 멈췄다. 1972년 박정희 정부가 타결한 7.4 남북공동성명 이후 2000년 김대중 대통령의 6.15 남북공동선언까지 정치적 통일의 논의는 28년간 정체됐다. 이후 개성공단이 착공되고 경제적인 상호종속은 일부 이뤄졌지만, 2007년 이후 7년 이상 정치적 통일 문제는 외면됐다. 이런 상황에서 박근혜 전 대통령의 통일대박론은 분명 의미가 있다.

문제는 북한이다. 북한은 예상대로 원색 비난으로 일관했다. "흡수통일로 이뤄진 독일 통일에 대해 입을 놀린 속내를 짐작할 수 있다."라니 할 말 다 했다. 북한은 체제 위협에 대한 반감을 여실히 드러내고 있다. 시모어 마틴 립셋의 근대화론을 알고 있는 것일지도 모른다. 경제적 번영이 민주주의를 촉진시킬 수 있다는 것을 체제 위협으로 느낄 수도 있다.

하지만 경제 협력 자체에 대해서는 북한도 반감은 없다. 가까운 중국이 사회주의 체제를 유지하면서 개방을 성공적으로 이끌어낸 것을 벤치마크하려 한다. 통일대박론도 이와 같은 맥락에서 추진해야 한다. 단순히 상호 윈윈이니 통일 논의를 하자는 식은 곤란하다. 인내심을 갖고 상대방을 설득할 수 있어야 한다. 말은 아끼되, 양손에는 선물 꾸러미를 챙겨야 한다. 일부에서는 퍼주기라는 비난도 있지만, 그동안 남북관계의 기본은 퍼주기였다. 일정부분 인정하고, 우리도 대신 잘 챙길 수 있는 방향을 만들면 된다. 개성공단을 더 확대하고, 다른 지역에도 남북 협력 경제 특구를 만들어야 한다.

통일연구원의 조사에 따르면 2030년에 통일이 된다고 가정할 경우 6,300조 원의 경제적 혜택이 발생한다고 한다. 그 혜택을 모두 북한에 몰아 줘도 통일은 대박이 될 수 있다. 단순한 생각으로 통일 한국이 일본 정도의 경제 강국으로 부상한다고 가정하고, 주식 시가총액 증가액만 따져 봐도 그렇다. 일본의 주식시장은 4,000조 원 규모, 한국은 1,303조 원이다. 정밀한 셈법을 하더라도 매년 20만 명이 군대에 가고, 연평도 포격 때마다 주식이 요동치는 리스크가 빠지기만 해도 큰 도움이 된다.

통 크게 잘 달래서 '대박'을 이뤄 내는 것도 방법이다. 당장 정치적 통일이나 경제적 효과 같은 것의 계산에만 빠져들지 말고, 일단 통일의 밑거름부터 만들어보자. 통일을 안 할 생각이 아니라면, 적극적으로 준비를 하는 것이 시행착오를 줄이고 효과를 높일 수 있지 않을까.

연습유제 12-1

"비선실세는 어느 정부에나 있었다."라는 주장을 비판하라.

[예상문제]

연습유제 12-2

지난 100년간 한국은 독립과 전쟁, 경제발전, 민주화, 세계화 등 시대적 조류에 따라 역동적으로 발전했다. 오늘날 한국은 K-pop으로 세계 문화를 이끌고, 휴대전화와 IT 기술로 세계 경제의 주축이 됐다. 100년의 역사를 거울삼아 한국이 앞으로 안정적 성장을 하면서 모든 국민이 행복하게 살 수 있는 길이 무엇인가. 통일, 세계화, 경제성장, 복지 등 4가지 키워드를 넣어 논하라.

[2010 중앙일보 변형]

연습유제 12-3

대통령 영부인 역할에 대해 논하라.

[예상문제]

연습유제 12 - 4

한국의 방송에서 북한은 '가난한 동포'로만 부각된다. 종편의 예능프로그램에서도 북한의 실상을 엿듣거나 〈남남북녀〉식의 오락 프로그램 위주다. 새로운 형식의 북한 관련 프로그램을 기획한다면 뭐가 좋을까?

[예상문제]

연습유제 12 - 5

유엔에서 북한인권결의안을 채택하려 할 때 한국 정부는 어떤 입장을 취해야 하는가?

[예상문제]

연습유제 12 - 6

통일이 되면 어떤 회사 주식이 오를까? 이유도 함께 쓰라.

[예상문제]

논제 13

한국 사회에는 많은 권력이 있다. 국민이 선출한 입법부, 국민이 선출한 대통령이 임명한 행정부가 있다. 사법부에 대해서는 선출되지 않은 권력이라는 비판이 많았다. 사법부 외에도 언론에 대해서도 '무관의 제왕'이라는 이름과 함께 선출되지 않은 권력이라는 비판이 있다. 많은 돈을 벌어들이는 대기업 역시 이 비판에서 자유롭지 않을 것이다. 한국 사회의 선출되지 않은 권력 중 하나를 골라, 이에 대해 논하라.

[2012 한겨레신문 변형]

수험생 답안 1

한국에서 7번째로 큰 회사가 하루 아침에 망한다면 어떻게 될까? 그런 일이 미국에서 실제로 일어났다. 매출액이 1,010억 달러, 114조 원에 이르던 기업 엔론이 분식회계 끝에 불어난 빚을 감당하지 못해 파산 신청을 했다. 19,000명의 직원 중 4,000명이 즉시 해고됐고 채무액은 40조 원에 달했다. 미국 사상 최대의 파산이었다.

기업인의 도덕적 해이가 멈춰지지 않은 채 막장으로 향할 때 무슨 일이 일어나는지 극명하게 보여준 사건이다. 당시 한국 삼성의 매출이 135조 원이었던 것을 감안하면 엔론 사태는 미국 경제 전체에도 악영향을 미쳤을 것이 틀림없다. 비리의 자가당착인 셈이다. 법의 엄격한 심판과 경종이 필요한 이유다. 그러나 우리 법원이 기업 비리, 특히 총수의 범죄에 대해 지나치게 관대한 판결을 내렸다는 비난을 벗어나기는 어렵다. 10대 기업 중 법정 판결을 받은 총수가 7명에 달하지만, 실제 형을 받거나 징역을 산 경우는 그의 반도 되지 않는다. 집행유예와 사면으로 풀려났다.

문제는 그를 바라보는 국민의 눈이다. 대기업의 주도로 경제성장을 이뤄온 탓에 기업의 사회 기여도가 적지 않은 건 사실이다. 그러나 그것이 수천 억에 달하는 자금횡령, 분식회계에 대한 법의 판결을 느슨하게 하는, 즉 '법을 넘어설' 만큼의 공이라고 할 수는 없다. 기업은 민간의 경제주체로, 원칙적으로 사인(私人)이다. 다른 모든 사인과 최대한 동등한 잣대로 심판받아야 한다. 그들의 잘못의 규모는 일반인이 상상키 어려울 정도로 크다. 공평한 법의 잣대를 댄다면 그 책임은 더 무거워야 하는데 현실은 그렇지 않다. '죄 지은 만큼 벌을 받는다.'라는 상식을 가진 대부분의 국민에게 이는 불공정한 처사로 비칠 수밖에 없고, 결국 사법부에 대한 불신으로 이어진다.

미국은 기업 비리를 저지른 사람들이 형을 모두 치른 후 5년이 지나야 사면 대상에 포함시킬 정도로 '경제 권력'의 범죄에 엄격하다. 40조 원어치의 파산 신청으로 국가 경제가 휘청했던 경험이 큰 몫을 했을 것이다. 미국보다도 대기업 경제 집중도가 심한 한국은 그 이상의 엄격한 기준을 적용해야 한다. 잘못된 회계·횡령으로 스스로 주저앉고 경제 질서를 혼란스럽게 만드는 일을 막기 위해서다.

정의란 각자에게 합당한 그의 몫을 주는 것이라는 아리스토텔레스의 말을 새길 필요가 있다. 거대 자산을 움직인다는 이유로 경영 그 자체를 악화시킬 수도 있는 배임, 횡령을 눈감는다면 결국 기업의 부실과 경제 전체의 해악으로 이어진다. 빈대를 잡으려다 서까래를 태우는 기업의 행태를 엄단해 공정한 경제 질서로 되돌려놓는 데 눈을 감아서는 안 된다. '유전(有錢)도 유죄(有罪)', 이는 국민의 신뢰를 지키기 위해서라도 필요하다. 선출되지 않은 권력이 존재의 정당성을 인정받는 길이 국민의 믿음 말고 또 무엇이겠는가.

수험생 답안 2

　한국 사회에는 선출된 권력과 선출되지 않은 권력이 공존한다. 국회의원이나 대통령은 선출직 공무원이다. 영향력이 막강하다. 국민의 선택을 받았기 때문이다. 사법부의 경우 선출직은 아니지만 무소불위의 권력을 갖고 있다. 한 나라의 근간이 되는 헌법과 법률이 그들 뒤에 있는 까닭이다. 선출되지 않은 권력 중 재벌, 대기업을 빼놓을 수 없다. 이들에겐 돈이 있다. 다양한 선출, 비선출 권력들의 바로 위에 언론이 있다. 언론은 국민의 선택을 받지도 않았고, 돈도 재벌처럼 많지 않은데도 말이다.

　정부, 의회, 사법부, 심지어 대기업도 언론을 두려워한다. 선출된 권력이든 아니든 모든 권력을 감시하고 견제하는 역할을 언론이 하기 때문이다. 우선, 정부는 언론이 지적한 문제점과 대안을 수용해 정책을 만들고 수정한다. 얼마 전 세 모녀 자살 사건이 일어났을 때, 대다수의 언론이 대서특필했다. 복지 사각지대 문제는 어제, 오늘의 일이 아니지만 대통령까지 나서 유감을 표명하고 관련 공무원들의 발등엔 불이 떨어졌다. 의원들은 대안으로 각종 법안을 발의한다.

　선출되지 않기는 사법부도 마찬가지지만, 이들도 '언론의 칼'을 맞으면 쓰러지고 만다. 최근 허재호 회장의 황제 노역 사건이 불거졌다. 언론은 향판 제도의 문제점을 지적했고, 사건과 관련된 판사는 사임했다. 누군가의 인생을 법의 힘을 빌려 결정하는 사법부라 할지라도 언론이 무섭다.

　기업도 비슷하다. 중소기업 적합 업종의 지정이나 대형마트 휴일 영업금지와 같은 규제는 언론이 만들었다고 해도 과언이 아니다. 대기업의 횡포 아래 생계가 무너지는 소상공인을 보여 주는 방송 뉴스와 신문 앞에선 대기업이 가진 돈의 권력도 무릎을 꿇는다.

언론을 통제하고자 하는 군상들은 역으로 언론의 힘이 얼마나 막강한지를 보여 준다. 정권의 입맛에 맞는 낙하산 사장을 공영방송에 내려 보낸다. 여당과 대통령이 선택하는 것이나 다름없는 방송통신위원장도 그렇다. 오보를 내는 언론사는 용서하더라도, 정권의 입맛에 안 맞는 내용을 보도하면 바로 방송법 위반 딱지를 붙인다. 이는 비단 요즘의 일이 아니라, 유신 정권과 군부 독재 시절부터 시작된 모습이다. 언론 탄압과 통제는 정권의 정당성과 반비례했다.

권력의 꼭대기에 있는 언론을 떠받치는 힘이 있다. 국민이다. 정부, 국회, 사법부, 대기업이 모두 언론을 두려워하는 이유는 언론의 비판이 곧 국민의 목소리로 이어질 것을 알기 때문이다. 그런데 아이러니하게도 국민 스스로는 자신의 영향력을 실감하지 못하는 것 같다. 갈수록 투표율이 떨어진다. 특히 기초 지방 선거에서는 더 심하다. 정치에 관심이 없거나 사안에 따라 입장을 바꾸는 대중의 선택이 선거의 승패를 가른다는 이유에서 부동층은 '제1야당'이라고 불리기도 한다. 선출된 권력, 선출되지 않은 권력 모두 국민에게서 나온다는 것을 국민들 스스로 깨달아야 한다.

해설

다양한 사고력을 위해 일부러 출제 문제를 변형해서 수록해 봤다. 당초 한겨레신문에서 출제한 문제는 '한국 사회의 선출되지 않은 권력에 대해 논하라.' 한 줄이었다고 전해진다. 하지만 출제된 논술 주제가 그대로 나올 가능성은 없고, 우리는 앞으로 새로 출제될지 모르는 다른 포인트를 위해 공부를 해야 한다.

당초 이 논제를 처음 봤을 때, 현직 기자인 필자의 입장에서는 사법부 또는 재벌이 떠올랐다. 사법부에 대해서는 2010년 전후로 편향 판결 논란이 일어나면서 선출되지 않은 권력에 대한 견제론이 나왔다. 재벌에 대한 견제 입장은 이전부터 꾸준히 시민 사회 등에서 제기된 것이다.

이 논제는 2명의 수험생에게 내줬다. 수험생 1은 선출되지 않은 권력으로 기업을 골랐다. 2014년 5월 이건희 삼성그룹 회장의 위독설을 두고 전 세계 언론계가 이목을 집중했다는 점을 감안한다면 타당한 선택이라고 볼 수 있을 것이다. 수험생 1은 특히 한국의 재벌에 대해 논하고 있다. 개발독재시대에 특혜를 받으면서 성장했던 재벌에 대해 공평한 법 적용을 요구하고 있다. 미국에서는 기업 비리를 저지른 사람에 대해 엄격히 처벌한다는 점도 덧붙인다. 결론은 유전무죄 무전유죄(有錢無罪 無錢有罪)의 탈피다.

문장력이 기본 이상 되는 수험생인지라 비교적 선방했지만, 선출되지 않은 권력이 기업뿐 아니라 기업에 면죄부를 주는 의심을 받는 사법부까지 확대가 되면서, 오히려 논지가 흐트러지는 경향을 보이기도 했다. 물론 재벌과 사법부는 정의라는 측면에서 싸잡아서 비난을 받는 대상이기도 하다. 게다가 우리나라의 법원은 실제로 기업인들에게 솜방망이 판결을 할 때가 가끔씩 있다. 기업 총수들이 구속만 되면 링거병을 주렁주렁 매달고는, 항소심에서 집행유예를 받고 1년 뒤 건강하게 컴백하는 것은 이제 공식이 된 지 오래다.

이에 반해, 수험생 2는 언론을 선출되지 않은 권력으로 상정해 신선한 느낌을 줬다. 언론은 '제4부', '무관의 제왕' 등의 이야기를 들어 왔다. 물론 세월호 참사 당시 선정적인 보도로 지금은 '기레기'라는 말을 더 많이 듣고 있지만 말이다. 오히려 언론에 대해서는 견제가 없다는 점을 이용해, 국민의 알 권리를 위임받았다는 언론들이 무소불위의 펜촉을 휘두르는 점에 대해 쓴소리를 했다. 수험생 1과 비교를 한다면, 더 신선하고 설득력 있게 읽힌다.

적절하게 언론 이슈 및 저널리즘의 당위성에 대해서 언급하는 것은 수험 현장에서의 스킬이기도 하다. 남들과 약간은 차별화를 줄 수 있는 방법이다. 항상 다양한 논제를 소화할 때, 수험생 2처럼 언론 이슈로 풀어 갈 수 있는 방법에 대해서도 고민해 보자. 새로운 답안은 수험생 2의 답안을 약간 수정해서 수록한다.

새로운 답안

한국 사회에는 선출되지 않은 권력이 비난을 받는다. '관피아'라 불리는 고시 출신 관료들이 있다. 자기들끼리 끌어 주고 밀어 주면서 마피아를 형성한다고 한다. 기수문화와 연수원 성적으로 모든 것이 좌우된다는 법원도 있다. 재벌도 단골 비난의 대상이다. 한국의 경제를 쥐고 있는 그들은 돈으로 모든 것을 해결할 기세처럼 보인다고 한다. 누가 이들을 선출되지 않은 권력이라고 비판, 아니 때로는 거의 매도를 하는가? 바로 언론이다.

정부나 국회, 법원, 재벌 등 모든 기관이 언론을 두려워한다. 모든 권력을 감시하고 견제하는 역할을 언론이 하기 때문이다. 우선, 정부는 언론이 지적한 문제점과 대안을 수용해 정책을 만들고 수정한다. 황제 노역으로 논란이 됐던 허재호 회장의 사례는 언론의 대표적인 순기능이라 할 수 있을 것이다. 무전유죄 유전무죄라는 말이 그대로 들어맞는 사례를 바로잡고 법치를 다지는 역할을 한 것은 언론이다. 황제 노역 판결을 했던 장병우 광주지방법원장은 대국민 사과를 하고 사퇴했다.

하지만 단순히 권력을 감시하고 견제하는 역할에 충실하다면 이 정도로 두려워하지는 않을 것이다. '칼 맞을까 봐'라는 의식들 때문이다. '국민의 알 권리'를 위임받아 취재와 보도활동을 한다고는 하지만, 실제로 돌아가는 꼴을 보면 관피아나 재벌을 비난할 입장이 못 된다. 자사에 이득이 되는 보도를 일삼고, 정치적 이해타산과 자사와의 관계를 따져 특정 정파를 지지하는 경우도 많다. 디지털 방송이나 방송법, 미디어 관련 이슈, 정부 광고 등 언론사와 연관된 이슈를 다루는 보도를 보면 어떤 말이 진실인지를 가리기가 어려울 정도다.

게다가 MB 정부 때부터는 정치권의 언론 장악과 길들이기가 논란이 되고 있다. 정권의 입맛에 맞는 낙하산 사장을 공영방송에 내려 보내는 것은 물론, 방송통신심의위원회 등 각종 규제기구를 동원해 언론을 길들이려 한다. 오보를 내는 언론사는 용서하더라도, 정권의 입맛에 안 맞는 내용을 보도하면 바로 방통심의위 제재를 주거나 소송을 건다. 과도한 언론의 힘을 바로잡기보다는 '내 것'으로 만드려는 시도다.

정치 개혁, 사법부 개혁, 재벌 개혁. 그동안 사회 전반에 꾸준한 개혁 시도가 있었다. 이제는 언론 개혁이 필요하다. 공영방송이 참된 국민의 눈이 되고, 언론이 정도를 걸을 수 있도록 정화운동이 필요하다. 모바일 시대에 쌍방향성을 강화하는 것은 그 첫걸음이 될 것이다. 댓글을 단지 악플로 치부하지 말고, 국민의 항의 메일이나 전화에 공감하고 변화해야 한다.

언론은 그동안 권력화하면서 오히려 국민과 멀어졌다. 이제는 언론의 본 역할인 '공론장', '알 권리' 등의 명제에 충실해야 할 때다. 언론 스스로가 치열한 반성으로 개혁하지 않는다면, '기레기' 소리를 넘어 국민의 심판을 받을지도 모른다. 마치 국정원이 '셀프 개혁'을 한다고 했다가 국민의 불같은 질타를 받았던 것처럼 말이다. 그렇지 않는다면, 앞으로 재난이 발생했을 때 언론은 현장에 접근은커녕 CCTV 생중계만 보면서 취재해야 할지도 모른다. "기자들은 나가라."라는 국민의 목소리를 두려워하자.

연습유제 13-1

법원행정처의 사법부 블랙리스트 논란에 대한 본인의 입장을 쓰라.

[예상문제]

연습유제 13-2

권한대행의 권한은 어디까지인가?

[예상문제]

연습유제 13-3

'낙하산 인사' 관행은 왜 근절되지 않는가?

[예상문제]

연습유제 13 - 4

편향판결이란 존재하는가? 존재한다면 무엇인가?

[예상문제]

연습유제 13 - 5

'전관예우'는 영원한가?

[예상문제]

연습유제 13 - 6

검찰공화국

[예상문제]

논제 14

물건을 판매하는 사람이 자연재해를 이용해 폭리를 취하는 것은 정당한가. 마이클 샌델의 〈정의란 무엇인가〉에 나오는 물음이다. 타인의 어려운 처지를 이용해 폭리를 취하는 것은 비판의 여지가 크다. 하지만 자연재해를 대비해 평소 창고를 정비했던 상인과 그렇지 못한 상인이 같은 가격에 판매해야 한다면, 그것은 정의로운가. 상인들은 모두 폭리를 취할 가능성이 있는 사람들인가. 하지만 상인이 없다면 우리는 정부에서 물건을 배급받아야 할지도 모른다. 자원의 희소성과 재난상황에 대한 다양한 변수를 고려해, 재난 지역에서 상인의 폭리를 옹호하라.

[2012 한국경제 변형]

수험생 답안

아리스토텔레스에 따르면 정의는 적당한 사람에게 걸맞은 몫을 분배하는 것이다. 정의란 분배하는 일이며 그 분배는 목적에 맞아야 한다. 재난지역에서 누구에게 얼마만큼 분배하느냐 역시 이 목적의 문제에서 자유로울 수 없다. 재난지역에서 가장 중요한 게 무엇인지부터 상기해야 한다.

기업이나 일반적인 사회의 정의는 실적, 성과나 평등이겠지만, 재난지역에서 가장 급한 정의는 '시스템'이다. 집과 재산이 파괴된 상태에서 주민들은 극심한 혼돈 상태에 놓인다. 아무런 강제 질서 없이 물자나 편의를 제공할 경우 서로 물건을 차지하기 위해 물리력을 동원해 폭력이 발생할 수도 있기 때문이다. 이를 방지하기 위해 우선적으로 시스템이 필요한 것이다.

상인은 혼란에 휩싸인 주민들에게 질서를 부여한다. 수요공급 원리에 의해 값이 치솟은 물건 값에 의해 분배하다 보니, 물건을 살 수 있는 사람만 사고 살 수 없는 사람은 자연히 견제되기 때문이다. 비상식적인 약탈이 일어나지 않는 이상 기존 질서인 '시장'에 대부분의 주민이 동의할 가능성이 크다. 물건을 가질 수 있는 사람만 가지게 되면 재화를 차지하기 위한 싸움은 일어나지 않을 것이고, 결국 상인의 폭리는 질서 유지에 기여할 것이다.

　　또한 폭리를 취할 수 있다는 점 때문에 더 많은 상인들이 재난지역에 몰려들게 된다. 이득을 취할 수 있는 곳에 공급자가 몰려드는 것이 시장 논리이기 때문이다. 시간이 지남에 따라 재난지역에의 재화공급은 더욱 늘어날 것이고, 가격은 낮춰질 수밖에 없다.

　　결국 재난지역에서 상인의 폭리는 파괴된 지역의 주민을 시장가격에 의한 분배 질서에 편입시켜 약탈, 폭력 등의 사태를 막고, 더 많은 상인을 재난지역에 끌어들여 물자공급을 원활하게 하는 '필요악'이다. 게다가 지역이 복구됨에 따라 가격 거품은 떨어질 수밖에 없다. 폭리가 영원히 지속되는 악(惡)이 아니라는 것이다.

해설

난이도가 높은 주제라는 점을 감안하면, 결코 맥을 잘못 짚은 논술은 아니다. 재난지역에서 상인의 폭리를 옹호하기 위해 수요 – 공급 문제를 끄집어냈고, 시장 원리에 따라서 결국에는 공급이 늘어나 가격이 정상화된다는 논리를 폈다. 하지만 많아봐야 10명 정도가 최종합격하는 언론사 입사시험에서 이 정도 답으로는 최종합격은 무리이다. 이렇게 평면적인 글로 승부를 하기에는 언론사 입사 경쟁률은 여전히 높다.

다시 문제를 꼼꼼히 뜯어 보자. 논술은 당신의 생각만 쓰기보다는 출제자가 원하는 출제의도에 자신의 논리를 답안지라는 형태로 풀어 나가는 과정이다.

하지만 자연재해를 대비해 평소 창고를 정비했던 상인과 그렇지 못한 상인이 같은 가격에 판매해야 한다면, 그것은 정의로운가. 상인들은 모두 폭리를 취할 가능성이 있는 사람들인가. 하지만 상인이 없다면 우리는 정부에서 물건을 배급받아야 할지도 모른다.

이 문제가 출제됐을 당시, 수험생들은 우왕좌왕했다. 한국경제의 시장주의 옹호 성향을 알고 있지만, 이것과 출제자의 의도, 수험생 자신의 방향 등이 뒤죽박죽 섞였다. 이 때문에 이 책에는 문제를 비교적 자세히 풀어서 변형했다.

출제자는 샌델의 정의론이 시장경제 원리에 반하는 정도를 넘어서 결과의 획일성, 배급제 같은 사회주의적 원리를 받아들였다는 문제의식을 가지고 있는 것으로 보인다. 자연재해를 대비하는 일도 다른 상인들보다 조금 더 시간과 노력을 투입한 일이기 때문에, 더 높은 가격을 요구하는 게 정당한 대가라고 여기고 있다. '물건을 배급받아야 할지도 모른다.'라는 구절은 시장경제의 중요성을 역설적인 결과를 통해 극명히 드러낸 것이라고 할 수 있다.

애초에 문제는 '재난지역에서 상인의 폭리를 옹호하라.'라고 출제됐다. 따라서 이 방향으로 논술을 써야 한다. 만약 당신이 이러한 시각이 마음에 들지 않는다 해서 이 시각에 맞춰 글을 작성하지 않는다면, 더 좋은 논리와 근거로 출제자를 압도해야 할지도 모른다.

여기에 출제자의 출제의도를 명확히 파악했다면, 조금 더 공격적으로 글을 작성할 수 있다. 수동적으로 상인의 입장을 변호하는 자세에서 벗어나 적극적으로 샌델의 주장이 시장경제 원리를 어떻게 망가뜨리는지, 샌델의 주장이 얼마나 단순한 견해인지를 지적해야만 당신의 논술이 상위 5% 안에 들 수 있다.

새로운 답안

조선시대 정조 때, 한양에 흉년이 들어 쌀값이 몇 배씩 폭등했다. 조정은 쌀값을 안정시키기 위해 폭리를 취하는 미곡상은 참수하겠다는 방을 곳곳에 내붙였고, 이때 한 신하가 뛰어들어 왔다. "한양 쌀값이 폭등했다는 얘기를 듣고 지금 전국의 상인들이 쌀을 지고 한양으로 달려오고 있는데 목을 자른다면 모두 돌아가고 말 것"이라며 이 신하는 왕을 설득했고 기어이 한양 백성들을 살려냈다. 샌델의 몇 수 위인 이 조선 선비의 이름은 연암 박지원이다.

샌델은 눈앞의 폭리만 보았을 뿐 그것이 추후 균형가격을 만들어 내면서 다양한 재화를 절묘하게 공급하는 동태적인 흐름은 보지 못했다. 그는 상점 주인이 평소 열과 성을 다해 창고를 관리해왔다는 사실도 보지 못했다. 폭리는 그것에 대한 작은 보상이며 다른 상인들이 물건을 싣고 달려오도록 만드는 눈에 보이지 않는 시장의 지시요, 명령이다. 시장은 이렇게 정부보다 빠르게 물자 부족을 해소한다.

시장은 이렇게 수요 – 공급 조절 과정을 통해 다시는 재화 부족 사태가 발생하지 않도록 다른 상인들을 꾸준히 자극한다. 일상에서 웬만하면 재화 부족 현상이 나타나지 않는 것은 이 때문이다. 샌델의 눈에는 이것이 보이지 않는 것이다.

더 중요한 건 장사꾼을 악마로 만든다고 해서 복구 속도가 빨라지지 않는다는 점이다. 오히려 그 반대의 상황이 올 수도 있다. 만약 허리케인에 대비해 평소에 창고를 튼튼하게 지어놓은 상점 주인과 어떤 방비책도 없이 상품을 모두 떠내려 보낸 상인이 동일한 가격을 받아야 한다면, 아무도 상품을 적절하게 관리하려고 노력하지 않을 것이다. 너무도 쉽게 허물어질 수밖에 없는 개인의 도덕심 대신 세상을 풍요롭게 만들어가는 데에는 시장의 '보이지 않는 손'이 작동하는 것이다.

만일 상인이 없다면 우리는 누구에게서 우리가 필요로 하는 상품을 구할 것인지 생각해 봐야 한다. '가위, 바위, 보'를 한다거나 제비뽑기를 한다고 해도 공정하지는 않다. 정부 관리에게 고개를 숙여가며 물건을 배급받아야 할 상황이 올 수도 있다. 만일 정부가 상품이나 서비스를 공급하게 된다면 우리는 공무원에게 머리를 조아려야 하거나 은밀하게 줄을 대야 하거나 물건을 빨리 받기 위해 돈을 상납하는 등의 행위를 할 수 밖에 없다.

시장경제는 도덕적인 가치질서에 따라 재화나 서비스를 분배하는 것도 아니고 실제 시장이 그렇게 작동하는 것도 바람직하지 않다. 도덕이 시장을 대체하는 세상은 이미 성리학적 도덕세계나 봉건적 계급사회에서 충분히 경험한 것이다. 시장경제를 비판하지만 도덕적 호소 외에는 어떤 대안도 없는 주장은 한낱 공허한 외침일 뿐이다. 오히려 '미덕'이라는 이름으로 위장한 도덕적 덕성이 언제 배급제 등 사회주의적 요소로 변할지 항상 눈여겨봐야만 한다.

연습유제 14-1

계란값이 폭등했다. 정부가 나서서 해외 수입을 추진하는 것이 올바른가?

[예상문제]

연습유제 14-2

"신자유주의는 실패했으니, 정부가 경제에 적극 개입해야 한다."라는 주장의 찬반 입장을 정리하고, 본인의 주장을 쓰라.

[2017 한국경제 변형]

연습유제 14-3

우리나라에서 기업 구조조정은 어떻게 이뤄져야 하는가. 본인의 의견을 쓰라.

[2016 매일경제 변형]

연습유제 14 - 4

돈의 가치를 옹호하라.

[2016 한국경제]

연습유제 14 - 5

'푸드트럭 경제'에 대해 비판적으로 논하라.

[2015 매일경제 변형]

연습유제 14 - 6

부동산 보유세가 올라 증여를 하는 부모들이 늘어나고 있다. 이에 대해 논하라.

[예상문제]

논제 15

2012년 대선 당시 야당을 중심으로 투표시간을 연장하자는 목소리가 거셌다. 투표율을 높이기 위해 현재 '오후 6시까지'인 투표시간을 3시간 연장해 '오후 9시까지' 할 수 있도록 하자는 요구다. 투표시간 연장에 대한 본인의 의견과 근거를 제시하라.

[예상문제]

수험생 답안

학보사 시절 있었던 일이다. 총학생회 선거 때, 출마 후보들이 줄줄이 사퇴를 하면서 한 후보밖에 남지 않게 됐다. 이전 총학생회가 중앙선거관리위원회로 전환되면서 후보들에게 '선거시행세칙 위반'이라며 경고 조치를 내린 게 화근이었는데, 평소 총학 측과 앙숙관계였던 그 후보들이 선관위에 승복할 수 없다면서 사퇴해버린 것이다. 남은 한 명의 후보는 총학생회와 밀접한 관계였고, 자연히 이들 후보에 대한 학생들(유권자)의 반감은 커져 갔다. 한 후보만 선거에 출마한 경우에는 과반수 이상의 투표율을 기록해야 당선될 수 있는데, 하루였던 투표기간을 3일로 연장해도 당시 선거는 50%의 투표율을 기록하지 못했다. 다른 누구도 아닌 '유권자'가 투표장에 가지 않은 탓이었다.

우리나라의 투표율은 57% 수준으로, OECD 평균인 70% 선에 한참 못 미친다. 중요한 건 그 이유가 무엇이냐다. 앞서 언급한 대로 유권자가 투표에 관심이 없고, 심지어 투표를 거부하기 때문이라면 투표시간을 연장하는 것은 효과도 의미도 없다. 그러나 그 반대라면, 즉 피치 못할 이유 때문에 투표를 못하는 유권자가 많다면, 그래서 투표시간을 연장함으로써 투표율을 끌어올릴 수 있다면 투표시간은 마땅히 연장돼야 한다.

가장 흔히 들리는 이야기 중 하나는 외국의 사례다. 혹자는 프랑스나 독일의 투표시간이 우리와 같으므로 굳이 연장할 필요가 없다고 하고, 누군가는 외국의 투표 종료시간이 우리보다 늦으니 우리도 연장을 해야 한다고 주장한다. 하지만 외국과의 비교는 의미가 없다. 우리나라 유권자만의 특수한 상황이 있기 때문이다. 특히 비정규직 문제는 투표율의 걸림돌이다. 우리나라의 비정규직 근로자는 600만 명, 전체 임금근로자의 40여%이며, 전체 인구의 10% 이상으로 세계 최고 수준이다. 이들은 주로 우리나라 경제의 생산과 성장을 이끄는 '핵심 생산가능 인구'인데도 참정권을 제대로 행사하지 못한다. 법정 휴일에도 근무하기 십상이고, 선거 날조차 70%가량이 투표에 제약을 받는다. 이 600만여 명이 투표에 무더기로 참가하지 못할 가능성을 방치하는 것은 그 자체만으로도 투표가 민의를 제대로 반영하지 못하게 만드는 행위다.

사실 비정규직이 아니어도 투표일을 정당하게 유급 휴일로 인정받는 근로자는 전체의 20%에 불과하다. 유권자들이 열악한 근로 조건 속에서 일하는 상황에서, 다른 나라와 똑같은 투표시간을 가지고 정상적인 투표율이 나오기를 기대하는 건 애초부터 무리다. 물론 세대별로 지지 후보가 선명히 갈리는 지금 대선 상황에서 투표시간을 바꾸는 건 특정 후보에게 유리하게 작용할 수도 있다. 그러나 '어떤 후보에게 유리하냐.'라는 정치공학보다 중요한 건 '누구나 투표할 수 있어야 한다.'라는 참정권이다. 그 참정권이 이번 대선에서 보장되지 않는다면 5년 후에나 기약할 수 있다.

> 투표연장은 필요하다. 하지만 그 이유는 그 어떤 정치적 목적도, 외국과의 비교도 아닌 우리나라 유권자의 특수한 상황 때문이다. 국가는 근로자들을 열악한 업무 조건으로 몰아넣은 것에 대한 '보상' 차원에서 투표시간을 연장해야 한다. 오후 9시까지로도 부족하다면, 예컨대 투표시간을 24시간으로 연장해야 할 만큼 근로자들이 격무에 시달린다고 판단된다면 총 투표시간을 24시간으로 연장할 준비도 돼 있어야 한다. 셈만 맞는다면, 투표시간을 늘린 만큼 투표율은 늘어날 것이기 때문이다.

해설

우선 강조하고 싶은 것은 개인적인 이야기를 쓰지 말라는 점이다. 본인의 학보사 경력과 총학생회 선거가 무슨 관련인가라는 생각이 든다. 대학생끼리만 쓰는 표현도 자꾸 거슬린다. 중앙선거관리위원회는 어디 선관위인가. '학내 선관위' 아닌가. '중운위', '학운위'라는 표현까지 나왔더라면 제대로 밉상이었을 것이다. 학보사 때 이야기를 논술에서 생생한 현장 이야기로 풀어내려는 취재일기 스타일로 믹스하려다가 에러가 난 셈이다.

게다가 첫 번째 문단은 '투표시간을 연장해야 한다.'라는 필자의 주장의 근거와 맥락이 다른 내용이기도 하다. 어떤 이야기로 시작해 '하지만~'으로 다른 주장을 할 수는 있다. 그런데 한 문단이나 할애하는 것은 과하다. 게다가 그것이 개인적인 경험에 불과하다면 낭비라는 느낌이 더하다.

논술에서는 개인적인 경험이나 소견을 밝히는 것은 금물이다. 설득력이 떨어지고 근거가 약해 보이기 때문이다. 필자는 작문에서도 개인적인 경험을 쓸 때에는 조심하라고 조언하는 편이다. 약간은 칼럼처럼 가는 작문에서 개인적인 경험이 논지를 흐릴 수 있기 때문이다. 물론 소설 형식으로 풀어 가는 작문이라면 괜찮겠지만.

필요 없어 보이는 표현도 눈에 띈다. '다른 누구도 아닌 유권자(▷유권자)', '그러나 그 반대라면, 즉 피치 못할 이유 때문에 투표를 못 하는 유권자가 많다면, 그래서 투표시간을 연장함으로써 투표율을 끌어올릴 수 있다면 투표시간은 마땅히 연장돼야 한다(▷하지만 투표시간을 연장해 투표율이 올라갈 수 있다면 타당한 주장일 것이다)' 같은 문장이 그렇다.

'하지만 그 이유는 그 어떤 정치적 목적도, 외국과의 비교도 아닌 우리나라 유권자의 특수한 상황 때문이다.' 같은 문장도 '대다수 유권자가 근로 여건상 투표시간 안에 투표하기 어렵기 때문이다.' 정도로 줄일 수 있다.

'투표시간 안에 표를 행사할 수 없는 비정규직 근로자가 많다. 이들의 표가 반영되지 않은 선거 결과는 민의와 다를 수밖에 없다. 그러므로 이들이 투표에 참여할 수 있도록 시간을 늘리자.'라는 주장에 집중하면 힘 있는 글이 될 것이다. 민의가 반영되지 않은 선거의 후폭풍을 더해 준다면 주장의 근거가 더 단단해질 듯싶다.

> **새로운 답안**

2013년 8월. 헌법재판소가 투표시간을 오후 6시로 제한한 공직선거법에 대해 합헌 결정을 내리자 '넷심'은 끓어올랐다. 사실 몇 년 전부터 계속됐던 논란이었다. 2012년 대통령 선거에서는 논란이 정점을 찍었다. 투표시간을 오후 9시까지 늘려 달라는 입법청원도, 투표마감 시간이 오후 6시인 것은 위헌이라는 헌법소원도 청구됐다. 결국 이날 결정과 함께 선거가 있는 날 하루를 법정 공휴일로 정해 아침 6시부터 오후 6시로 투표시간을 제한하는 공직선거법은 존치하게 됐다.

우리나라의 투표율은 57% 수준으로, OECD 평균인 70% 선에 한참 못 미친다. 중요한 건 그 이유가 무엇이냐다. 앞서 언급한 대로 유권자가 투표에 관심이 없고, 심지어 투표를 거부하기 때문이라면 투표시간을 연장하는 것은 효과도 의미도 없다. 그러나 그 반대라면, 즉 피치 못할 이유 때문에 투표를 못하는 유권자가 많다면, 그래서 투표시간을 연장함으로써 투표율을 끌어올릴 수 있다면 투표시간은 마땅히 연장돼야 한다.

일각에서는 외국의 사례를 들먹이며 투표시간 연장의 불필요성을 강조한다. 하지만 우리의 투표시간이 프랑스나 독일과 같아서 연장할 필요가 없는 것도, 미국 캘리포니아주가 우리나라보다 1시간 긴 13시간의 투표시간을 보장하고 있는 것도 중요하지 않다. 우리나라 유권자의 상황에 집중해서 봐야 한다.

한국 유권자의 애로사항은 '못 쉬는 것'에서 나온다. 우리나라 유권자만의 특수한 상황이 있기 때문이다. 특히 비정규직 문제가 그렇다. 우리나라의 비정규직 근로자는 600만 명, 전체 임금근로자의 약 40%이며, 전체 인구의 10% 이상으로 세계 최고 수준이다. 이들은 주로 우리나라 경제의 생산과 성장을 이끄는 '핵심 생산가능 인구'인데도 참정권을 제대로 행사하지 못한다. 법정 휴일에도 근무하는 것이 다반사고, 선거 당일조차 70%가량이 투표에 제약을 받는다.

정규직이라고 하더라도 투표일을 온전히 유급 휴일로 인정받는 노동자는 전체의 20%에 불과하다. 유권자들이 열악한 근로 조건 속에서 일하는 상황에서, 다른 나라와 똑같은 투표시간을 가지고 정상적인 투표율이 나오기를 기대하는 건 애초부터 어불성설이다.

물론 세대별로 지지 후보가 선명히 갈리는 지금 대선 상황에서 투표시간을 바꾸는 건 특정 후보에게 유리하게 작용할 수도 있다. 그러나 '어떤 후보에게 유리하냐.'라는 정치공학보다 중요한 건 '누구나 투표할 수 있어야 한다.'라는 보편적 참정권이다.

연습유제 15 - 1

투표권 연령 하한선을 낮춰야 한다는 주장에 대한 찬반 입장을 정리하고, 본인의 입장을 쓰라.

[예상문제]

연습유제 15-2

모두가 골고루 잘 사는 나라

[2017 한국경제]

연습유제 15-3

현행 선거제도의 개선점에 대한 본인의 의견을 쓰라.

[예상문제]

논제 16

당신은 현행 교육제도의 승자인가, 패자인가? 그렇다면 당신은 공영 방송 뉴스·시사 프로그램에서 교육제도에 대해 어떻게 다룰 수 있을 것인가?

[예상문제]

수험생 답안

내가 2007년 교육제도의 승자일 수 있었던 건 언론에 대한 불신 때문이었다. 언론을 맹신했던 내 친구는 패자가 됐다. 2007년 교육 현장은 '공교육 정상화'를 목표로 한 '삼불 정책 폐지' 논란이 일었고, 학생들에게 가장 크게 와 닿은 교육제도의 변화는 '내신 강화'였다. ⓐ 언론은 제각기 정부 정책을 뒷받침하거나 비판하는 보도를 쏟아냈다. 만약 그때 언론의 교육 관련 보도를 믿었다면 절대 승자가 될 수 없었을 거다.

ⓑ 언론에서 주로 볼 수 있었던 뉴스는 '공교육을 위협하는 사교육 실태'였다. 이는 지금의 언론이 교육제도를 다루는 방식과 크게 다르지 않다. 사교육비가 늘어나고, 조기 교육이 성행하는 현실을 비판한다. 이를 막을 제도적 장치를 촉구한다. '공교육이 중요하다'는 것이다. 그러나 현실은 공교육만으로는 충분하지 않다. 교육은 '정보'가 중요하다. 큰 틀에서 정부 정책이 어떻게 변화하는지보다 '어떻게' 학생들을 가르쳐야 하는지, 학생들은 어떻게 배워야 하는지와 관련한 정보가 중요하다. ⓒ 우리 언론은 제도권 안의 교육의 성공 사례를 미담으로 보도할 뿐이다. 교육부가 수능과 EBS 교육자료를 연계한다는 정책을 시행하자, EBS로만 공부해 성공한 학생의 사례를 제시하는 식이다. 그러

나 기본적인 학습능력, 환경이 다른 사람들이 미담 케이스만 보고 자신의 학습 과정에 적용하는 건 현실적으로 불가능하다.

'착한 뉴스·시사 프로그램'만을 제공하려는 태도를 버려야 한다. 아무리 언론이 사교육 과열 양상을 보도하고 ⓓ 학력의 양극화를 막기 위한 정부 정책을 소개해도 강남 8학군과 유명 학원에서는 '쪽집게 특강'이 이뤄지고 있다. 차라리 좋은 학군으로 대표되는 특목고나 자립형 사립고에서 교육 과정을 어떻게 학생들에게 가르치는지, 공교육이 배워야 할 부분은 없는지 알려주는 게 공교육 정상화에 큰 도움이 될 수 있다. 실제로 고등학교 시절 3학년 부장선생님은 유명한 자립형 사립고에서 수학 교육 과정을 원래 권고된 시간보다 반을 줄여, 한 해에 두 번 같은 내용을 배운다는 점을 현장에 적용해 대학 진학률을 높이기도 했다. 언론의 보도는 장기적으로 보다 많은 공립고등학교에서 효과적인 교육시스템을 갖출 수 있도록 기여해야 한다. 교육 기회의 평등은 모든 아이들에게 양질의 교육을 받을 기회를 주는 것이지 일정 수준으로 '하향 평준화'시키는 게 아니다.

이념에 따라 양쪽으로 갈리는 정치, 경제 문제와는 달리, 교육의 가치는 비교적 하나로 수렴한다. 국민 모두 양질의 교육을 받을 수 있게, 자본에 따라 학력이 양극화되는 것을 막고 국가가 제공하는 기본 교육만으로도 사회에 기여할 수 있게 하자는 것이다. 공영방송은 교육현장에 있는 학생과 학부모들에게 '공교육이 중요하다'는 구호를 반복할 게 아니다. 보다 현실적이고 실질적으로 도움이 될 정보를 제공할 수 있어야 한다. 요즘은 '개천에서 용은 나지 못한다.'라고 한다. 자본을 가진 무수한 용들이 그들의 자본과 정보력으로 벽을 쌓기 때문이다. 개천에서 용이 되고 싶은 사람들에게 공영방송이 실질적인 정보를 제공해 줄 때 정보의 평등, 교육 기회의 평등을 실현할 수 있을 것이다.

해설

글이 전체적으로 중구난방식이다. 필자는 보도되는 교육 뉴스를 믿지 않아 입시에 성공했다고 주장하고 있다. 필자가 고등학생 시절 언론은 주로 '3불 정책에 대한 비판 혹은 찬성 기사', '공교육을 위협하는 사교육 실태', '제도권 교육의 성공 사례', '양극화를 막기 위한 정부 정책' 등을 기사화했다고 적었다. 하지만 필자는 "언론 보도가 장기적으로 보다 많은 공립고등학교에서 효과적인 교육시스템을 갖도록 기여해야 한다."라며 이 같은 보도 행태를 비판한다.

필자가 예로 든 보도 내용 4가지는 모두 다른 문단에 등장한다.

ⓐ 언론은 제각기 정부 정책을 뒷받침하거나 비판하는 보도를 쏟아냈다.
ⓑ 언론에서 주로 볼 수 있었던 뉴스는 '공교육을 위협하는 사교육 실태'였다.
ⓒ 우리 언론은 제도권 안의 교육의 성공 사례를 미담으로 보도할 뿐이다. 교육부가 수능과 EBS 교육자료를 연계한다는 정책을 시행하자, EBS로만 공부해 성공한 학생의 사례를 제시하는 식이다.
ⓓ 학력의 양극화를 막기 위한 정부 정책을 소개해도

그에 대한 필자의 비판도 여기저기 산재돼 있다. 글이 전체적으로 산만해 보이는 이유다. 문제 삼고 싶은 보도 행태를 한 문단에 모으고 왜 문제인지를 설명해야 글이 깔끔해진다.

본인이 왜 승자라고 생각하는지에 대한 설명이 부족한 것도 문제다. 좋은 대학에 갔는가? 원하는 과에 갔는가? 글을 봐서는 잘 모르겠다. 물론 그것을 정의하는 것은 수험생에게는 꽤 어려운 스킬이다. 물론 예상문제를 내면서 일부러 쓰기 어렵게 낸 것이라는 점을 감안해야 하겠다.

설명만 부족할 뿐 아니라 교육의 성과를 '입시 결과' 하나에만 두는 태도도 아쉽다. 교육이 입시에 매몰돼 있다는 것은 우리 교육의 가장 큰 문제로 꼽힌다. 이런 성찰 없이 좋은 입시 성적을 내기 위해, 공교육의 효율성을 높이기 위해, 언론이 정보를 제공해야 한다고 주장하고 있어, 단 한 번도 교육의 목표가 무엇인지 깊이 생각해 본 적 없다는 인상을 풍긴다. 수험생이 전제하고 있는 좋은 입시 성적과 공교육의 효율성 향상이 같은 차원인지도 모르겠다.

교육의 목적은 본인 스스로 생각하고 판단하고 행동하는 '민주 시민'을 기르는 데 있을 수도, 다양한 경험을 제공해 그중 가장 잘 맞는 것을 선택한 '행복한 직업인'을 키우는 데 있을 수도 있다. 교육의 목표를 이 쪽에 둘 때, 필자는 과연 교육의 승자인가 패자인가. 다시 생각해 볼 일이다. 물론 언론의 역할 또한 필자의 주장과는 크게 달라져야 하지 않을까.

하지만 야마(주제)를 잡았으면 이를 잘 살리는 것도 필기시험장 수험생이 해야 할 몫이다. 이번 논제에서는 글을 콤팩트하게 고치면서 수험생 본인의 아이디어를 살리고, 논지를 강화하는 방향으로 첨삭을 진행했다.

사족 하나 달자면, 많은 고3 부장선생님은 입시 성적을 높이기 위해 저마다 다양한 '비법'을 갖고 있다. 선생님들의 노고에 박수를 보내는 동시에, 수험생의 글에서는 빼야 한다는 말도 덧붙인다.

새로운 답안

나는 적어도 교육제도의 승자다. 고교생이나 학부모들이 생각하는 '입시 결과'에 따르면 말이다. 서울 시내 주요 대학에 들어갔던 나는 의기양양했고, 고교 시절 언론에 대한 불신을 그 덕으로 생각했다. 언론에 대한 맹신으로 "공교육만 받아도 명문대에 갈 수 있다."라고 생각했던 친구들은 패배감을 맛봤다. 내신 강화와 공교육 정상화. 말은 요란했지만 속 빈 강정이요, 학생들에게는 속고 나서 더 쓰디쓴 입시 지옥의 민낯이었다.

공영방송은 물론이고, 민영방송이나 신문들도 교육을 다룰 때 취하는 방향은 매한가지다. 공교육을 떠받들고, 사교육을 비하하는 것이다. 조선시대 '숭유억불(崇儒抑佛)' 정책을 떠올리게 할 정도다. 비싼 돈을 받는 사교육 업체들에 대해서는 마녀사냥으로, EBS로만 공부해 서울대를 갔다는 학생에 대해서는 부모 인터뷰를 하는 등 찬양 일색이다. 기본적인 학습능력, 환경이 다른 사람들이 미담 케이스만 보고 자신의 학습 과정에 적용하는 건 현실적으로 불가능하다.

몇 안 되는 예외도 있다. 일부 신문에서 만들어내는 교육 섹션이다. 사교육 분석이 일반화되어 있고 국제중, 특목고 입학 사례가 섹션의 1면 톱으로 실린다. 사교육 업체의 광고가 쏟아질 정도다. 언론의 정도라는 측면에서 본다면 해야 할 일이 아닐 수도 있겠지만, 당장 독자들은 열광한다. 강남 일부 지역에서만 전파된다는 사교육 비법을 지면에 쏟아내는데, 소위 '평민' 부모로서 열광을 하지 않을 수 없다.

'착한 뉴스·시사 프로그램'만을 제공하려는 신화를 버려야 한다. 오히려 어느 정도 사교육을 인정하고, 공교육의 틀 내에서 사교육비를 절감하되 최선의 입시 전략을 다룰 수 있어야 한다. 다소 '쌈마이' 같이 보일 수 있더라도, 과도한 엄숙주의와 교조주의를 피해야 한다.

아무리 언론이 사교육 과열 양상을 보도하고 학력의 양극화를 막기 위한 정부 정책을 소개해도 강남 8학군과 유명 학원에서는 '족집게 특강'이 이뤄지고 있다. 차라리 좋은 학군으로 대표되는 특목고나 자립형 사립고에서 교육과정을 어떻게 학생들에게 가르치는지, 공교육이 배워야 할 부분은 없는지 알려주는 게 공교육 정상화에 큰 도움이 될 수 있다.

공영방송 교육 뉴스의 목표는 무엇인가. 민주시민을 기르는 것, 다양한 경험으로 아이들을 행복한 직업인으로 키우는 것일 수도 있다. 하지만 2014년 한국의 공영방송 교육 뉴스의 현실적인 대안은 '개천에서 다시 용이 나오도록 이끄는 것' 아닐까. 어깨에 힘 좀 빼고 솔직한 뉴스를 해야 할 때다. 교육 기회의 평등은 모든 아이에게 양질의 교육을 받을 기회를 주는 것이지 일정 수준으로 '하향 평준화'시키는 게 아니다. 그걸 못 본 체 하는 것도 공영방송의 역할도 아니고 말이다.

연습유제 16-1

'공교육 정상화 촉진 및 선행교육 규제에 관한 특별법'이 국회를 통과했다. 하지만 선행교육 규제법이 학생들 사이에 만연한 사교육 선행학습을 막는 데 큰 도움이 되지 않을 것이라는 비판이 많다. 일각에서는 대학 수능을 준비하기 위해 관행적으로 고교 과정을 2년에 마치고 3학년 때는 복습 위주로 진행한 현실을 무시한 것이라는 의견도 있다. 선행교육 규제법은 선행학습을 막을 수 있을 것인가? 선행학습과 선행교육 규제법에 대한 본인의 의견을 쓰라.

[예상문제]

연습유제 16-2

4차 산업혁명과 교육개혁

[2016 동아일보]

연습유제 16-3

흔히 북유럽식 교육은 만능인 줄 아는 사람들이 많다. 당신의 입장은?

[예상문제]

연습유제 16 - 4

저출산 문제 해결을 위한 실질적인 정책은 무엇인가? 본인의 대안을 제시하라.

[2017 뉴스1, MTN 변형]

연습유제 16 - 5

외고와 자사고 폐지에 대한 본인의 의견을 쓰라.

[예상문제]

연습유제 16 - 6

'자랑스러운 서울대생 부모' 스티커에 대해 논하라.

[예상문제]

논제 17

인터넷 포털에는 매일같이 연예인들의 열애설이 쏟아진다. 일각에서는 연예인들의 열애설 보도가 정부 비판을 가리기 위한 의도라는 음모론까지 제기될 정도다. 언론매체들의 열애설 보도는 정당한 보도활동인가, 아니면 유명인에 대한 사생활 침해인가? 당신의 의견을 제시하라.

[예상문제]

수험생 답안

연예인도 계급이 있다. 먼저 생산수단을 소유한 자와 그렇지 못한 자로 나뉜다. 양현석과 박진영은 연예 소속사를 소유한 '사장님'이다. 다음으로 사회적 영향력을 행사할 수 있는 연예인과 그렇지 못한 연예인으로 구분된다. 이효리는 쌍용차 사태 노동자를 돕기 위해 노란봉투를 기획한 적이 있다. 유재석은 〈무한도전〉에서 공정하고 자애로운 리더의 상징으로 나와 인기를 끌고 있다. 전자의 연예인들을 공인이라 정의할 수 있다. 왜냐하면 그들은 정치인처럼 대중의 지지를 바탕으로 사회적 영향력을 행사할 수 있기 때문이다.

언론은 공인이 행사하는 권력이 정당한지 확인하고자 그들을 검증한다. 대중은 공인의 캐릭터와 스토리에 이끌려 그들의 발언에 힘을 싣는다. 안철수는 캐릭터와 스토리 덕분에 벤처기업가에서 대선 후보급 주자까지 나설 수 있었다. V3 백신으로 벤처신화를 일구면서도 도덕적인 삶을 살았을거란 믿음이 대중에게 있었다. 지난 대선에서 안철수의 내연녀 여부를 검증하려 했던 이유도 그의 도덕적 삶이 진실인지 궁금했기 때문이다. 대중은 '공인급'으로 분류되는 연예인들에게도 똑같이 검증의 잣대를 댄다. 한 예로, 강호동은 언론에 의해 탈세 의혹이 밝혀지며 예능 프로그램을 하차하고 자숙했다.

대중들은 특히 연예인의 열애설에 집중하는 편이다. 정치인은 그에 비해 사회적 책무를 더 따진다. 그들이 애인이 있는지 없는지는 궁금하지 않다. 왜냐하면 연예인의 권력은 대중의 사랑으로부터 나오기 때문이다. 그 사랑에는 성적 매력이 많은 비중을 차지한다. 미혼의 연예인과 사귈 수 있을 거라 믿는 사람은 거의 없다. 다만 자신을 속여서 인기를 획득했다는 사실이 싫을 뿐이다. 김태희와 비의 열애설 당시, 많은 남성들은 군인인 비가 김태희와 사귄다는 사실에 분노했다. 하지만 이내 김태희와 비가 열애 사실을 인정하자 여론은 금세 잠잠해졌다. 끝끝내 사실을 감추려 하는 경우에 대중은 분노한다.

무작정 사생활의 끝장을 보고 싶을 정도로 국민수준이 낮다고 보진 않는다. 열애설 보도가 사생활 침해의 측면이 없는 것은 아니나, 열애설 보도국면에서 당사자가 쿨하게 인정하면 문제는 심각하게 커지지 않는다. 베버는 정치인이 지녀야 할 신념윤리와 책임윤리를 설명하면서 다음과 같이 말했다. "(정치인이) 나는 달리 할 수가 없습니다. 이점에서 나는 물러나지 않습니다.'라고 한다면, 이것은 대단히 감동적이다." 결과에 상관없이 자신이 지지하는 신념에 충실하면서(신념윤리), 예상가능한 결과에 책임을 지는 태도(책임윤리)가 필요하다는 의미다.

> 베버가 말한 신념윤리와 책임윤리는 정치인뿐만 아니라 연예인에게도 적용되는 윤리가 아닐까. 국민여왕 김연아의 연애보도에 국내 한 유력일간지는 신문 2면을 할애했다. 국민이 사랑하기 때문에, 김연아의 사랑이 그만큼 중요하다는 사실을 반영한 것이다. 김연아의 태도는 과연 국민여왕이었다. 아무런 부인 없이 열애설을 인정했다. 사랑하겠다는데 말리는 국민은 없다. 공인급 연예인이 책임 있는 자세로 사실을 인정하는 태도를 국민은 원한다. 언론이 연예인의 사생활을 검증하는 이유다.

해설

연예인의 사생활과 관련된 논술문을 제시할 때, 최악의 점수를 받는 답안은 음모론을 마치 팩트에 기반한 것인양 쓰는 것이다. 일각에서는 음모론은 팩트처럼 보도하는 매체도 있다. 이를 무비판적으로 받아서 논술문에 쓴다면, 심사위원이 어떻게 받아들일까. "○○○ 열애설은 정부가 ○○○ 관련 폭로에 대해 대중이 못 보도록 하기 위함"이라는 문장에 대한 평가는 아무리 마음씨가 좋아도 후할 수가 없다.

물론 오비이락이라는 측면에서 조심을 해야 할 필요는 있다. 인터넷 연예매체 디스패치는 각종 게이트 관련 폭로나 재판 결과가 나올 때와 많은 열애설 특종이 터지는 시기를 분석하는 기사를 내보내기도 했다. 물증은 없지만 대중의 심증이 있다면, 이를 피해서 공정성을 찾는 것이 행정부와 사법부의 몫이 될 것이다.

연예인의 열애설과 사생활 보도가 언론의 역할인지에 대한 의문도 제기된다. 하지만 현실은 어떤가. 연예매체가 발달한 영미권에서는 많은 파파라치가 활동하고 있다. 사진 촬영의 대상은 영국 왕실에서 할리우드 스타, 스포츠 선수 등 다양하다. 독자들은 이를 또 유료로 사서 본다. 물론 파파라치 때문에 목숨을 잃은 다이애나 왕세자비 등의 사례를 보면서, 많은 사람이 자성하고 또 비판해 왔다. 의식과 행위의 괴리를 어떻게 논술문으로 풀어낼 수 있을까.

국내에서는 공인이라는 잣대로 연예인 사생활 보도를 옹호하기도 한다. 물론 공인이 범죄행위를 저지르는 등 물의를 일으켰다면 공인에 대한 보도로 국민의 알 권리가 보장될 수 있다는 논리는 일견 맞을 수 있다. 하지만 다수의 열애설 보도에 대해서 이런 잣대를 들이댈 수 있는 걸까. 단지 팬들의 사랑을 많이 받고 있으므로, 팬들의 알 권리를 보장해야 한다는 말을 할 수 있을까. 팬들이 이를 원하는지도 의문이다. 다양한 비판 의식으로 새로운 글쓰기 주제와 스타일을 찾아봐야 할 논제다.

이번 논제에서는 다른 수험생의 글을 소개한다. 물론 제시된 수험생 답안에 비해 월등히 잘 썼다고 할 수는 없다. 하지만 탄탄한 구성과 신방과 특유의 배경지식이 잘 어울려진 답안이다. 제시된 수험생 답안은 연예인에 대한 영향력과 대중의 검증, 열애설의 메커니즘 등을 중구난방으로 쓰다가, 뜬금없이 베버의 이론과 김연아의 이야기로 급히 마무리하는 느낌을 준다. 반면 수정된 답안의 필자는 역사적인 내용으로 시작했지만, 현실적인 분석과 대안을 제시했고, 촌철살인의 마무리도 꽤 괜찮다. 답안을 연구하면서 스스로 자신의 답을 재작성해 보기를 바란다.

새로운 답안

1920년대 뉴욕의 〈월드〉지와 〈저널〉지는 경쟁구도였다. 발행부수를 늘리기 위해 자극적·선정적인 뉴스를 쏟아냈다. 이 신문 전쟁에서 비롯된 용어가 바로 '황색(옐로)저널리즘'이다. 80년대 뉴욕거리를 뒤덮었던 황색저널리즘은 21세기 인터넷이라는 광풍을 타고 다시 빠르게 확산되고 있다. 주로 클릭 수에 따라 수익이 결정되는 인터넷 언론과 포털사이트의 관계 구조가 그 주체다. '아니면 말고' 식의 미확인 기사를 보도하고, 자극적 헤드라인을 부각시키기도 하며, 연예인들의 잡다한 SNS 글까지 기사화한다.

연예인들의 사생활 보도는 대중의 '알 권리'와는 하등의 상관이 없다. '알 권리'란 대중의 단순한 '호기심'을 충족시키는 것과는 다르다. 언론이 대중의 모든 호기심을 충족할 의무는 없다. 연예인들의 열애설과 이혼 등의 사생활이 모든 대중들에게 알려져야 할 만큼의 보도가치가 있는 사안인가. '보도'란 보도가치를 판단해 선별하는 선행 작업도 포함된다. 따라서 이는 엄밀히 말해 보도가 아니라 호기심을 충족시키는 '엔터테인먼트'의 영역이다. 알 권리라는 이름으로 대중의 말초적 호기심을 자극하는 것은 언론의 이기적 합리화일 뿐이다.

진정한 알 권리는 오히려 침해되고 있다고 보는 편이 옳다. 언론은 강력한 의제설정 기능을 갖는다. 드넓은 바다에서 방향을 제시하는 항해사와 같은 역할을 한다. 대중은 언론이 지속적으로 노출시키는 사안을 '의제'로 설정해, 이를 중요하다 여기게 된다. 우리 사회가 호기심을 자극하는 연예 기사로 뒤덮일 때, 정작 활발히 논의돼야 할 정치, 사회 뉴스에 대해선 상대적으로 무관심해진다. 게다가 인스턴트 뉴스가 난무하면, 언론사들이 공들여 만든 양질의 기사도 뒷전으로 밀리게 된다. 악화가 양화를 밀어내는 꼴이다.

가장 큰 주범은 포털의 뉴스 서비스 구조다. 언론사는 광고 수입과 직결되는 포털 조회수를 높이기 위해 보도가치조차 없는 뉴스를 단순히 반복, 재생산한다. 자극적 헤드라인을 내걸고, 심지어 떠도는 낭설을 기사화하기도 한다. 연예인 사생활에 대한 잡담이 난무하는 포털 연예 기사 창은 트위터, 페이스북 같은 SNS나 다름없다. 게다가 이러한 현상은 '뉴스=무료'라는 인식마저 심어주고 있다. 언론사가 오랜 시간 취재해 만든 기사의 가치까지 떨어뜨리고 있는 것이다. 스스로의 품격을 깎아먹는 언론은 언론으로서의 자격이 없다.

머니투데이 보도에 따르면, 문화평론가 허지웅은 "연예인의 카톡 메시지를 공개하는 것은 국민의 알 권리와 별 상관이 없다. 이제는 '모를 권리'를 주장하고 싶다."라고 말했다. 온 가족이 둘러앉은 아침식사 자리에서, 전날 밤 터진 아이돌 멤버의 열애설에 대해 이야기하는 것은 어쩐지 우리의 지성을 너무나 낭비하고 있다는 느낌이다. 언론으로서의 기능을 망각한 언론사와, 이를 부추기는 구조 모두에 제재를 가할 필요가 있다. '말로만 경고'가 아니라 좀 더 현실적인 규제가 필요하다. 구정물을 그대로 두면 강물을 모조리 오염시킬 것이다.

연습유제 17 - 1

소셜 미디어의 영상이 방송뉴스의 취재 소스로 쓰이는 경우가 많다. 하지만 인터넷에 올라와 있는 영상의 진위확인을 두고 논란이 끊이지 않고 있다. 바람직한 방법에 대해 논하라.

[예상문제]

연습유제 17 - 2

이 시대의 저질 저널리즘은 무엇인지, 예시를 들어 비판하라.

[예상문제]

연습유제 17 - 3

서울 노원구의 살인 용의자 김태현에 대한 언론보도 행태를 분석하고, 공영방송의 바람직한 보도 방향에 대해 논하라.

[2017 KBS 변형]

연습유제 17 - 4

연예인 구하라 씨, 설리 씨의 사망과 관련해 언론 보도의 문제점에 대해 논하라.

[예상문제]

연습유제 17 - 5

"언론이 사이버렉카에 끌려다닌다."라는 비판에 대해 논하라.

[예상문제]

연습유제 17 - 6

뉴스제휴평가위원회에 대해 아는대로 쓰라.

[예상문제]

논제 18

연명치료와 존엄사에 대한 본인의 의견을 쓰라.

[예상문제]

수험생 답안

"아내가 고통받는 모습을 더 이상 지켜볼 수 없었어요. 하늘나라로 가서 호흡기 없이 편안히 숨 쉴 수 있기를 바랐을 뿐입니다." 의식 없이 연명하던 77세 아내의 산소호흡기 호스를 칼로 잘라 숨지게 한 남편의 호소다. 최근 환자와 가족 모두에게 고통을 주는 무의미한 연명치료를 중단할 수 있게 하는 권고안이 확정됐다. 그러자 이를 두고 환자의 '자기결정권'을 존중해야 한다는 의견과 '생명경시'라는 반대 의견이 팽팽히 맞서고 있다.

무의미한 연명치료는 배려가 아니다. 고통을 가중하는 수단이다. 첨단 의료장비는 불치병에 걸린 환자의 삶을 지속시켰다. 그러나 고통스럽게 삶을 연장하는 모순도 낳았다. 한 예로 회생 가능성이 없는 말기 암환자에게 인공호흡기는 그저 임종만 늦추는 장치였다. 게다가 한 개인의 평생 의료비 중 약 25%가 죽기 전 마지막 1년, 그리고 20%가 사망 직전에 쓰였다. 회생이 불가능한 말기 환자에게 자원이 무한정 투여되고 있었다. 합리적 제도를 통해 말기 환자의 고통과 불필요한 의료비 지출을 줄여야 한다.

국민 대부분이 이에 동의한다. 2011년 국립암센터 설문조사에서 약 94%가 연명치료 중단에 찬성했다. 환자가 치유 불가능한 병으로 고통에 시달리기보다 죽음을 선택하면 이를 존중해 줘야 한다고 생각했다. 물론 자살과 같이 생명에 대한 자기결정권을 모두 인정하자는 게 아니다. 존엄사는 임종기의 의료행위가 고통 받는 기간만 연장할 때 환자가 이를 거부하는 권리를 주자는 뜻이다. 네덜란드와 같이 정부의 의료보장 기능을 강화하면 경제적 문제로 존엄사를 악용하는 경우를 예방할 수 있다.

존엄사의 올바른 시행을 위해 먼저 환자가 자신의 상태에 대해 충분한 정보를 얻을 수 있어야 한다. 현재 환자 대부분은 가족들이 병명을 알리지 않아 자신의 죽음을 제대로 준비하지 못한 채 숨을 거두고 있다. 또 사전의료의향서를 작성한 환자의 약 83%가 임종 1주일 전에야 의향서를 작성했고 99%는 연명치료 여부를 임종 직전 가족들이 결정했다. 존엄사를 허용할 경우 환자가 죽음에 관해 얼마나 생각해 봤고 가족이 어디까지 받아들일 수 있는지를 충분히 논의하는 문화를 마련해야 한다. 여기에 환자의 결정을 돕는 사회복지사와 편안한 상태로 죽음을 맞게 해주는 호스피스를 지원한다면 생명의 존엄성을 존중하면서도 환자는 자신의 죽음을 준비할 수 있다.

미국에서는 연명치료 대신 죽음을 적극적으로 받아들이는 '슬로 메디신(Slow Medicine) 운동'이 널리 퍼지고 있다. 이 운동은 삶에서 가장 중요한 순간에 당사자의 뜻이 반영되는 게 생명존중이라고 강조한다. 한국 사회에는 죽음을 준비하는 문화가 없다. 환자와 가족이 다가올 죽음을 충분히 논의하는 문화, 그리고 말기 환자 가족에 대한 정부의 복지 정책 및 경제적 지원을 강화해 무의미한 연명치료를 중단해야 한다.

해설

지금은 현직 기자가 된 후배가 쓴 글이다. 주제의식이나 꼼꼼하게 준비한 사례 소개 등을 감안하면 '좋은 글'이다. 채점하면 B는 받을 것이다. 합리적인 주장과 다양한 사례, 탄탄한 근거로 뒷받침해 흠잡을 데도 별로 없다. 하지만 다소 아쉽다. 대부분 눈에 익은 주장과 사례가 빼곡하다. 너무 뻔해서 금세 지루해진다. 그래서 A가 될 수 없다.

사형·낙태·존엄사. 논술 문제의 단골 주제다. 그러다 보니 답안을 하나쯤 마련해 두는 학생이 많다. 문제는 준비해 온 글이 대부분 엇비슷하다는 점이다. 주장과 사례나 근거 등이 비슷한 경우가 많다. 77세 김 할머니 이야기는 존엄사를 아는 사람이라면 대부분 아는 사례다. 이를 서론에 묘사까지 가미해 가면서 길게 설명하다 보니, 오히려 가독성이 떨어졌다는 느낌이 든다. 말기 암환자에게 들어가는 의료비 부담이 말년에 집중된다는 사례, 국립암센터의 찬반 설문조사 등도 마찬가지다. 신문에서 수차례 접한 내용이다. 새로운 이야기가 없다.

뻔한 주제일수록 차별화하려는 노력이 필요하다. 남들이 지적하지 않는 과거의 사례를 가져오거나 아주 최근의 문제점을 꺼내거나 하는 방식으로 눈에 띄어야 한다. 실제로 김 할머니 이후 존엄사 찬반 논란은 다소 수그러들었다. 그 까닭에 지금 존엄사를 찬성한다는 주장과 그 근거를 대는 것은 뒷북일 수 있다.

존엄사 제도를 안착시키기 위한 인프라가 무엇이고, 예상되는 문제가 무엇인지를 접근하며 현 추세를 글에 접목해 보는 방식이 필요하다. 또한 약간은 진부한 주제인 만큼, 콤팩트하게 자신의 문장력을 어필해 보는 것에 대한 고민도 필요하다. 스타일을 바꾼 새로운 답안을 싣는다.

새로운 답안

3만 명. 무의미한 연명치료를 받고 있는 환자의 추정치다. 당국은 이들을 위해 존엄사법 초안을 마련해 공개했다. 존엄사를 두고 찬반이 팽팽하게 맞서던 시기는 이미 지났다. 김 할머니 판결 이후 무의미한 연명치료는 중단돼야 한다는 공감대가 확산됐다. 하지만 제도는 여전히 정착되지 않았고 뒷받침할 의료설비를 비롯한 사회 인프라도 크게 부족하다.

합의는 됐다. 무의미한 연명치료는 환자를 위한 배려가 아닌 고통이란 것. 보건복지부는 국가생명윤리위원회와 의료업계, 종교계 등을 비롯한 다양한 논의를 통해 관련 합의를 이끌어 냈다. 여론을 수렴한만큼 법안 통과에 관심을 기울일 때다. 이미 2008년, 2009년 관련 법안이 발의됐지만 관심 부족으로 흐지부지된 사례가 있다. 이번에는 그런 전철을 밟지 말아야 한다.

인프라도 뒤따라야 한다. 무의미한 치료를 포기해, 편안하게 죽음을 마주할 설비가 부족하면 반쪽자리 제도가 될 수 있다. 실제로 연간 암 사망자는 7만 명을 웃도는데 말기 암환자를 위한 국내 호스피스 병상은 900여 개에 불과하다. 암 사망자 가운데 호스피스 병상에서 생을 마감하는 비중이 12% 선이다. 고통으로 무너져내리는 환자들이 호스피스 병상 순번이나 기다리는 처지인 것이다.

당국의 존엄사 관련 정책은 엇박자를 내고 있다. 제도 마련에는 속도를 내고 있지만 인프라 준비는 턱없이 부족하다. 당국은 부족한 호스피스 병상을 1,300여 개로 늘리기로 했다. 일단 숫자부터가 크게 부족하고 시기도 너무 늦다.

소모전은 피해야 한다. 여론은 여전히 존엄사 찬반 논의에 집중하며 에너지를 낭비하고 있다. 그 까닭에 제도와 인프라 정비가 더디게 진행된 듯하다. 오랜 기간 사회적 공감대를 쌓은 만큼 불필요한 소모전을 피해야 한다. 존엄사 인프라 등을 구축하는 다음 단계로 눈을 돌릴 때다.

연습유제 18-1

기존의 건강면에서도 암에 대해 지나치게 무겁게 다뤘다는 지적이 많다. 암에 대한 치료법을 소개하거나, 건강식을 소개하는 보도가 주류였다. 하지만 암환자들도 일상이 있고, 암환자 독자들은 단순히 건강을 챙기는 것에서 한발 더 나아가 '의미 있는 투병생활'에 대한 갈증이 많다. 암환자를 위해 우리 신문에서는 어떤 코너 또는 콘텐츠를 독자에게 전달할 수 있을까?

[예상문제]

연습유제 18 - 2

갑상선암 과잉 진료 논란에 대해 쓰라.

[예상문제]

연습유제 18 - 3

신문의 건강섹션에 광고성 기사가 많다는 시민단체들의 비판이 많다. 이에 대한 본인의 의견을 쓰라.

[예상문제]

연습유제 18 - 4

의대 정원은 몇 명이 적절할까.

[예상문제]

연습유제 18-5

언론은 저출산 문제를 어떻게 다뤄야 할까.

[예상문제]

PART 4

실전 모의고사

모의고사 1 ~ 4회

해설

새로운 답안

PART 4

실전 모의고사

모의고사 1회 ▶ 공영방송 KBS의 올바른 역할에 대해 논하라.

해설

이 문제는 이 책의 발행 초기부터 수록됐던 고전 중의 고전이다. 이후 세월호 참사 당시 공영방송의 보도 논란 등이 제기됐고, 2024년에도 수신료 분리납부를 두고 공영방송의 보도 중립성이 여전히 논란이 되고 있다. 시시비비는 차치하더라도, 적어도 공영방송 KBS의 올바른 역할이라는 주제가 앞으로 10년은 더 단골 문제가 될 것이라는 점은 자명하다.

몇 가지 생각해 볼 포인트가 있다. 공영성은 무엇인가에 대한 물음이다. 공익을 실현할 가치, 공적 서비스 등으로 생각해 볼 수 있다. 공영성이 있는 방송을 당신은 어떻게 정의할 수 있는가? 방송의 공익성이 있는 드라마는 무엇인가?

선정적인 방송 양태에 대해서도 다양한 질문을 생각해 볼 수 있다. 그런데 왜 공영방송은 막장 드라마를 방영하나? 단순히 시청률을 잣대로 경쟁하는 현 체제에 대한 대안은 없는가? 더 나아가, '공영방송이 민영방송과 막장 드라마로 시청률 경쟁을 하는 것은 올바른가?' 같은 질문까지 해 볼 수 있겠다. 물론, 실제로 막장이 아닌데도 대작인 드라마가 나오는 경우도 있다.

이에 대한 해답은 평소 TV 프로그램을 꾸준히 보면서 분석하는 내공에서 나온다. 물론, TV 평론가가 아닌 수험생들의 입장에서 주요 프로그램 전부를 섭렵하는 것은 불가능할 것이다. 하지만 포기해서는 안 된다. 주요 방송사들은 앞으로 꾸준히 자사 및 경쟁채널 프로그램에 대한 비교분석을 입사시험에 일정부분 또는 많이 반영할 가능성이 농후하다. JTBC에서 예능PD 작문시험으로 〈무자식 상팔자〉를 출제한 것이 대표적인 예다. KBS는 지난 10년간 〈KBS 뉴스9〉의 새로운 꼭지에 대해 분석하는 논술 문제를 출제하기도 했다.

또한, 공영방송의 공영성에 대한 논제는 공영방송은 물론, 민영방송, 신문 등에서 다양하게 출제될 것이다. JTBC라면 '공영방송의 위기인 시대다. 시대적 사명에 맞는 JTBC의 보도 방향에 대해 논하라.'라는 식으로 출제될 수 있다. 아나운서 직종이라면 '공영방송 아나운서는 어떠해야 하는가.' 등으로, PD직군이라면 '공영방송 프로듀서로서 당신은 어떤 프로그램을 만들 수 있는가.' 등으로 출제될 수 있다.

신문사에 지원하는 언론고시생들이라면, 지원하는 신문사의 기사 중 KBS나 MBC에 대한 비판적 분석 기사를 찾아보는 것이 도움이 될 수 있다. 신문사마다 미디어 담당기자직은 해당 분야에 박식한 고참들이 맡는 경우가 많다. 이를 잘 살펴본다면 자신의 논술 방향을 잘 잡을 수 있으리라 본다.

새로운 답안

　　분명 공영방송엔 위기가 왔다. 지상파 3사의 전문·고급 인력들을 영입해 간 종합편성채널은 지상파 프로그램을 베끼거나 선정적인 뉴스 콘텐츠 등으로 전략을 세웠던 2011년 12월 개국 초에 비해 다채로운 포맷과 흥미로운 내용으로 시청자의 관심을 끌고 있다. CJ를 필두로 한 케이블 채널 역시 다양한 시도와 해외 프로그램 등의 도입으로 볼거리를 강화했다.

　　게다가 세월호 참사를 둘러싼 공영방송의 보도 방향에 대한 국민적 논란은 공영방송의 신뢰를 떨어뜨리는 계기가 됐다. 이는 그동안 시청자의 머릿속에 맴돌던 공영방송의 역할에 대한 고민을 수면 위로 떠오르게 했다. 가령 공영방송은 어떤 프로그램으로 시청자에게 다가가는지, 공익적 역할을 잘 수행하고 있는지 의심받는 것이다.

　　사실 방송기술의 발달과 방송산업 경쟁의 심화로 전통적인 방송의 공익성이 희미해진 상황에서 '공영방송은 어떤 프로그램을 만드는가.'에 대한 의심은 시청자 입장에서는 당연한 의문 제기일 수밖에 없다. 실제로 방송사들 사이에서 주최하는 세미나에 '공영방송의 위기'를 주제로 논의가 활발히 이뤄지는 현실은 공영방송 스스로도 위기의식을 느끼고 있음을 방증한다.

　　논점은 '공영성'이다. 공영성은 'Public Service'로 공공을 위한 서비스, 즉 공익을 실현할 가치를 담은 프로그램을 제공하는 걸 의미한다. 상업적 목적으로 시청률 상승만을 꾀하는 방송사와의 가장 큰 차별점은 공영방송이 보도·교양·예능·드라마 전 장르를 통해 공익적 가치를 담아내는 것이다. 방송이 다양한 관점을 두루 다루고, 양질의 프로그램을 시청자에게 제공한다면 시청자는 기꺼이 방송의 '공영성'을 신뢰할 수 있다.

그러나 지금의 공영방송은 시청자에게 '공영성'을 소구하지 못한다. 예컨대, KBS의 메인 뉴스인 〈KBS 뉴스9〉는 높은 시청률을 유지하고 있지만 대부분의 꼭지를 정부 정책과 관련한 뉴스, 날씨, 정치적 사안 등에 할애하고 있다. 〈KBS 뉴스9〉는 분명 필요한 정보를 담고 있다. 하지만 사회의 다양한 계층의 이야기를 다루는 것은 아니다. 정책의 세세한 내용은 신문이나 인터넷에서 찾아볼 수 있다. 정치적 쟁점은 시간이 지나면서 본래 이야기와 판이하게 달라지는 일이 허다해 핵심을 간파할 수 있는 해설보도가 뒷받침되지 않으면 시청자에게 양질의 뉴스를 제공하기 힘들다.

하지만 KBS도 KBS만이 제공할 수 있는 최고의 프로그램을 통해 진정한 '공영성'을 보여준다면, 위기는 기회가 될 수 있다. 물론 지금도 공영성의 좋은 예시는 얼마든지 있다. 2011년 사망한 김정일 북한 국방위원장을 다룬 〈KBS 특별기획 김정일 3부작〉은 14개국 24개 도시에서 김정일의 흔적을 찾는 거대한 취재 무대와 미공개 자료, 새로운 증언 등을 다뤄 시청자에게 고품질 다큐로 어필했다. 〈아무도 모르는 죽음, 고독사〉라는 라디오 특집 역시 일본, 스웨덴 현지의 고독한 노인들을 만나 생생한 취재로 담아냈다. 라디오매체 특성상 쉽지 않은 시도였음에도 불구하고 현장감을 잘 전달했다는 평가를 받았다. 이는 정치 권력의 입맛에 맞는 뉴스나 시청률 지상주의 같은 것으로는 제작할 수 없는, 공영방송만의 고품격 프로그램이다.

전 세계 공영방송의 롤 모델로 꼽히는 BBC는 '최대 다수의 국민에게 모든 면에서 최고의 프로그램'을 제공한다는 방송 이념을 갖고 있다. BBC는 퀄리티 하나에 집중하여 안정적인 고액의 수신료를 받는 한편, 해외에 프로그램을 판매해 2,000억 원이 넘는 매출을 올리고 있다. KBS가 추구해야 할 방향도 '기본기'다. 반짝 인기몰이 하는 타매체의 개별 프로그램으로는 절대 대체될 수 없는 'KBS만이 제공할 수 있는 고품질' 콘텐츠가 해답이다. 이를 위해 과감한 투자도 동반되어야 한다.

다채널 다매체 시대 공영방송이 처한 위기는 곧 기회다. 사회의 다양한 가치를 다루고 우리 사회가 함께 고민해 나가야 할 보편적 가치를 공유하고 있는 공영방송의 역할과 필요성은 여전히 유효하다. 문제는 그 공영성을 어떻게 시청자와 시장에 보여줄 수 있느냐의 여부다.

모의고사 2회 ▶ 신문사별로 온라인 뉴스 유료화가 화두다. 하지만 포털사이트를 통한 뉴스 콘텐츠의 무료 유통은 이미 보편화된 상태다. 온라인 뉴스 유료화는 가능한가. 가능하다면 그 방법은 무엇인가?

해설

역시 고전이지만, 영원한 숙제 같은 문제라서 반드시 써 봐야 하는 주제다. 유료화는 10년 전이나 지금이나 업계의 화두다. 당장 2021년만 하더라도 네이버에서 유료 구독 버튼을 채널에 추가한다고 발표해 발칵 뒤집혔다. 일각에서는 일부 신문사들이 네이버에서 독립해 유료화를 하는 것 아니냐는 관측도 나왔지만, 네이버의 시스템은 워낙 견고했다. 물론 종이신문의 현실을 생각하면 디지털구독자를 모집하지 않을 수 없다. 종이신문의 부수는 폭락한 지 오래고, 이마저도 계속 줄어들고 있다.

돌파구가 필요하다. 물론 온라인 뉴스 유통 구조는 신문사들이 자신의 발등을 찍은 것이 10년 뒤 부메랑으로 돌아온 것이다. 단군 이래 최고의 광고시장 활황기로 불리던 2002년이 정점이었다. 90년대 말 생겨나던 포털사이트들은 각 신문사의 콘텐츠를 싼 가격에 구매했다. 지금도 주요 언론사들은 월 몇천만 원 정도를 지급하고, 그 언론사의 모든 콘텐츠를 자유롭게 포털에 게재하고 있다. 종이신문 독자 1명이 월 1만 5,000원을 낸다고 가정하면 기껏해서 5,000부 구독료에 그치는 금액이다. 하루 광고료도 안 된다.

하지만 온라인 뉴스의 파급력은 엄청나다. 이 때문에 기사를 쓴 기자들은 포털에 고마워하는 경우가 많다. 자신이 쓴 기사가 사회에 큰 반향을 주니 그보다 더 좋은 선물이 있겠는가. 그러는 사이 본지의 영향력은 감소하고, 신문산업의 하향세는 가속화된다.

이 때문에 신문사들은 네이버를 필두로 한 포털사이트와의 거래 단절을 검토하기도 했다. 신문 기사들이 공급되지 않는다면, 네이버에서도 뉴스 서비스 품질 관리를 위해 뉴스 유통 구조를 바꿔줄 것이라는 믿음에서다. 하지만 네이버의 가장 큰 우군인 연합뉴스가 있었다. 연합뉴스는 네이버에서 많은 콘텐츠 이용료를 받으며 속보를 전하고 있고, 네이버는 말 많던 뉴스캐스트를 없애면서도 연합뉴스를 위한 별도의 속보창은 존치시켰다. 결국 일부 신문사는 이에 반발해 연합뉴스 전재계약을 해지하기도 했다. 하지만 몇 년 뒤 전재계약은 원상복구됐고, 오히려 그 신문사들은 네이버에서 속보 경쟁에 치중하는 모양새다.

그렇다면 포털의 전성시대, 신문의 수익 대안은 무엇일까. 사실 답을 내기는 쉽지 않다. 그동안 신문들은 많은 부수 사업을 했지만, 세계일보 등이 일부 부동산 투자에서 이득을 본 것을 제외하고는 큰 재미를 본 사례는 없다. 어떤 신문은 학원업에, 어떤 신문은 해산물 수입에 뛰어들었지만 큰 돈을 벌었다는 이야기는 없다. 기껏해야 포럼으로 몇 억 정도를 버는 경제매체들의 사례만 있을 뿐이다. 그런 상황에서 수험생들은 어떤 답안을 제시할 수 있을까?

이런 논제에서는 평소 〈기자협회보〉 등 미디어 비평지를 꾸준히 읽어본 내공과 함께, 신입 언론인 지망생으로서 톡톡 튀는 아이디어를 제시하는 것이 관건이다.

새로운 답안

애초에 첫 단추가 잘못됐다. 신문지면의 기사를 한 곳에 더 팔 수 있다는 생각에 헐값으로 넘겨버린 콘텐츠는 이제 뉴스 유통 구조를 완전히 바꿔버렸다. 인터넷에 이어 모바일 기술까지 삶에 들어오면서, 종이신문의 몰락은 가속화됐다. 뒤늦은 후회. 2014년 유료화에 박차를 가하는 신문사들의 마음일 것이다.

포털에다가 비난의 화살을 돌려보지만 딱히 돌파구도 나오지 않는다. 90년대 등장한 인터넷 포털들은 온라인 뉴스 유통 구조를 바꿨다. 신문사들은 한 달에 몇천만 원을 주겠다는 말에 신문 기사를 헐값에 팔아버렸고, 그 후로 10년이 지난 2000년대에 들어서면서부터는 종이신문을 돈 주고 보는 것에 대해 '돈 아깝다'는 인식이 생겼을 정도다. 이후 종이신문 구독률이 2002년 52.9%에서 2012년 24.7%로 절반가량 급감했다.

구독자 감소로 인한 구독료 급감, 이에 따른 광고 매출 감소 등 신문산업은 그 위기가 증폭되고 있다. 2013년부터 AM7, 포커스 등 무료신문이 휴간에 들어간 것은 신문업 위기의 신호탄으로 해석될 수 있다. 무료신문들은 2000년대 중반 지하철 출구를 중심으로 몇십만 부를 뿌려대며 최고의 대중매체로서 각광받았지만, 스마트폰의 등장과 함께 역사의 뒤안길로 사라지고 있다. 일부 스포츠신문 역시 폐간되거나, 본지격인 종합일간지에 끼워서 주는 형태로 배달되는 경우도 보이고 있다.

스포츠지와 무료신문 다음은 종합일간지라는 이야기가 나온다. 하지만 신문사들은 아직도 유료화의 개념조차 잘못 잡고 있다. 일부 신문들은 2000년대 중반을 전후해 폐지했던 가판을 온라인 초판이라는 이름으로 부활시켰다. 1년 구독료가 월 10만 원대로, 신문 구독료의 6배가 넘는다. 홍보실이나 정부기관을 상대로 돈을 뜯는다는 말이 나올 정도다. 하지만 이런 임시변통식 꼼수로는 결코 신문산업의 숙원인 유료화를 해결할 수 없다.

유료화의 의미를 다시 따져 봐야 한다. 소비자가 콘텐츠, 즉 기사를 돈 주고 구매하고 싶어야 하는 것이다. 머니투데이 경제뉴스 〈더 벨〉의 성공사례를 눈여겨봐야 하는 이유다. 더 벨은 유료 독자들을 대상으로 한 프리미엄 경제뉴스로 각광받았다. 일반 독자들보다 며칠 더 빠른 M&A 정보, 해외 주요 증시 동향, 국내외 주요 기업들의 움직임 등을 재빨리 포착해 기업 독자들로부터 유료 구매를 받았다. 이후 한국경제가 〈마켓 인사이트〉, 매일경제가 〈레이더 M〉 등 유사 서비스를 출시했을 정도다.

종합일간지 중심인 한국의 신문사들 역시 제 살길을 찾아야 한다. 자사의 강점을 살려 프리미엄 서비스를 한다면 충분히 승산이 있다. 20년 이상의 전통을 가져온 중앙일보는 대학평가 DB를 활용한 입시정보 서비스를, '맛있는 공부' 섹션으로 영재 교육 분야에서 강점이 있는 조선일보는 영재교육에 대한 고급 정보 서비스를 제공해 볼 수 있다.

일부 학자나 전문가들은 뉴욕타임스를 본받으라면서, 좋은 콘텐츠를 생산하면 유료화는 가능하다는 이야기를 한다. 한가한 소리다. 영어로 발행되는, 그것도 세계 최강국인 미국의 1위 신문과 국내 신문들이 같은 전략으로 유료화 전략을 펼 수는 없을 것이다. 당장 국내 주요 언론사의 국제부에서만 구독하는 뉴욕타임스 유료 아이디가 100여 개는 넘을 것이다. 돈 되는 뉴스라는 측면에서 유료화가 되는 〈FT〉, 〈WSJ〉, 〈블룸버그〉의 사례도 있다. 그 외에는? 당장 미국 최대 대중지라 불리는 〈USA투데이〉도 못 하고 있는 것이 유료화다. 꿈 깨고 현실적인 대안을 세워야 한다.

모의고사 3회 ▶ 로봇 저널리즘 시대에 기자의 사회적 역할과 가치를 논하라.

해설

눈썰미가 좋은 독자들이라면 금세 알아봤을 것이다. 그렇다. KBS 2015년도 기출문제다. 하지만 앞으로 몇 년 동안은 시험의 주된 화두가 될 것 같아서 모의고사로 수록했다. 이미 기출이지만, 언제나 출제 가능성이 다시 있는 문제이기 때문이다.

로봇 저널리즘은 우리 사회에서도 현실이 됐다. 국내에서도 포털사이트를 중심으로 야구중계 등에서 로봇 저널리즘이 실험적으로 적용하고 있다. 경기 내용이나 득점에 대한 정보나 경기 내용, 연승 여부 등까지 쓸 수 있다고 한다. 일각에서는 개인화된 뉴스를 로봇이 제공할 가능성도 제기된다. 매일경제 심윤희 논설위원[13]은 칼럼에서 "LG팬을 위한 야구기사는 'LG가 KT를 박살냈다.'라는 식으로 개인 관점에 맞춰서 작성이 가능해진다."라면서 "부유층은 비싼 구독료를 내고 로봇 기자가 만든 고도로 개인화된 뉴스를 보게 되고, 저소득층은 인간 기자가 생산한 일반 기사를 보게 될 것이라는 비약적인 전망도 나온다."고 썼다.

굳이 로봇 저널리즘은 논하지 않더라도 개인화된 뉴스는 재벌들에게는 이미 현실이다. 매일 홍보실 또는 홍보실의 하청을 받은 스크랩 전문 업체들이 매일 같이 각 언론사의 자사 관련 뉴스를 스크랩하고 있다. 일부 홍보실은 그 밑에 홍보실 나름의 분석까지 곁들인다.

---

13) "로봇 저널리즘", 매일경제 2015. 5. 11, 35면(심윤희 논설위원) 인용

로봇 저널리즘으로 '저널리즘'의 본질이 흐려질 수 있다는 점에 대한 고민도 빼놓을 수 없는 논제다. 왜 우리는 기사를 쓰는가? 왜 우리는 기자가 되었는가? 이런 질문에서 로봇은 어떻게 답할 것이고, 로봇과 다른 '인간 기자'로서 나의 역할에 대한 답이 필요하다. 사실 누구나 답할 수 있는 것이지만, 그 생각을 조리 있게 정리해야 한다는 이야기다.

2015년 9월 중앙일보 창립 50주년 기념 미디어 콘퍼런스에서 발표한 손석희 JTBC 사장의 말을 음미해 볼 필요가 있다. 손 사장은 콘퍼런스에서 '뉴스룸의 변화'라는 제목으로 강연한 후 관객과의 질의응답에서 로봇 저널리즘에 대해 이렇게 말하기도 했다.

"로봇이 기사를 쓰는 시대다. 스포츠 중계나 증시 기사를 로봇이 써도 독자가 알아채지 못하는 시대가 됐다. JTBC와 같은 매체 기자는 무엇을 할 것인가."라는 관객의 질문에 손 사장은 "로봇이 기사를 쓴다는 것은 기사가 정형화되어 있다는 이야기다. 기자들이 정형화되지 않은 기사를 써야 한다. JTBC 기자들은 로봇이 기사를 못 쓰게 하는 데에 전력을 다하겠다."라고 답했다.

새로운 답안으로는 이 시험에서 최종합격한 송락규 기자가 시험을 마친 뒤 별도로 복원한 답안을 수록했다. 하지만 최근 몇 년 사이 챗GPT 등 인공지능(AI)이 급속도로 발전해, 답안에 나온 "로봇기자는 '읽는 맛'과 '보는 맛'을 제공하지 못한다."라는 명제가 흔들리고 있다. 당신의 답안은 무엇이 될지 현재의 사회상과 기술수준을 감안해 새롭게 작성해 보기를 바란다.

> **새로운 답안**

제목 : 세라자드 같은 기자

"천일야화의 시작과 끝이 어땠는지는 아무도 모른다." 이슬람 문학의 뿌리라 할 수 있는 〈천일야화〉에 대한 설명이다. 매일 밤마다 처녀의 목숨을 빼앗는 샤리아 왕에게 세라자드라는 여인이 찾아온다. 그녀는 왕에게 밤마다 '아라비안 나이트', '알라딘', '알리바바와 40인의 도둑' 같은 이야기를 들려 준다. 이야기가 흥미로웠던 나머지 왕은 세라자드의 목숨을 거두지 못한다. 폭정을 일삼던 왕이 '이야기의 힘'으로 악행을 멈추게 된 것이다. 로봇 저널리즘 시대에 기자는 세라자드 같은 역할을 해야만 한다.

인용된 기사에서 볼 수 있듯 이미 실시간 지진 속보나, 증권 기사 등은 로봇이 담당하는 시대다. 그리고 로봇의 저널리즘 영역은 기술의 발달에 힘입어 점점 더 확대될 것이다. 로봇은 사람보다 훨씬 더 정확하다. 사람은 가끔씩 실수할 수 있는 가능성이 있지만 로봇은 그러한 가능성 자체가 용납되지 않는다. 일정한 알고리즘에 따라 기사를 작성하기 때문에 오직 목적에 충실한 기사를 쓸 수 있는 것이다. 언론사 입장에서는 '로봇 기자'의 가성비가 좋아진다면 굳이 '사람 기자'를 채용할 이유가 없을지도 모른다.

그러나 바로 이 '오류 없는 기사'가 로봇 저널리즘의 치명적인 한계다. 특정 알고리즘에 따라서 기사를 작성한다면 속도와 정확성은 확보할 수 있다. 하지만 거기까지다. 로봇에게 호기심은 존재하지 않는다. 사실들을 순전히 나열하는 데 그치는 이상 로봇이 작성한 기사는 '읽는 맛'과 '보는 맛'을 제공하지 못한다. 하나의 이야기를 만들어내는 창조 능력은 기술이 발달해도 로봇이 소화할 수 없는 능력이기 때문이다. 그건 오직 '사람 기자'만이 할 수 있다. 앞선 기사에서 확인할 수 있듯, 로봇 기사는 지진 발생 속보에 특화돼 있다. 하지만 지진이 일어난 후 그곳 사람들의 무너진 삶을 여실히 보여주는 건 로봇이 할 수 있는 일이 아니다.

오류 없는 기사는 사전에 세팅된 알고리즘에서 나온다. 로봇은 알고리즘을 뛰어넘지 못한다. 하지만 '사람 기자'는 다소 부정확할지는 몰라도 세팅된 대로 움직이지 않는다. 미국을 뒤흔든 워터게이트도 처음에는 단순한 재판에서 출발해 도청 파문으로 이어졌다. 알고리즘에 의해서만 움직였다면 절대로 보도될 수 없었던 사건이다. 원래 보도하려던 건수를 찾다가 다른 건수로 관심을 옮길 수 있는 넓은 시야가 '사람 기자'가 로봇보다 앞서는 능력이다. 로봇이 사실만을 쫓는다면, 사람은 사실 너머의 획득할 수 있는 최선의 진실을 쫓는다. 바로 이 차이점이 로봇 저널리즘 시대에 '사람 기자'가 생존할 수 있는 여지를 준다.

천일야화의 결말은 크게 3가지로 나뉜다. 첫째, 이야기를 다 들은 후 결국 세라자드를 죽이고 다시 악행을 일삼는 왕으로 돌아갔다. 둘째, 세라자드가 들려준 이야기로부터 깨달음을 얻고 성군이 되었다. 셋째, 천일야화의 악당들이 결국 자신의 모습임을 알고 부끄러움에 속세를 떠났다. 이 다양한 결말이 우리에게 주는 교훈은 분명하다. 이야기의 전달자(기자)의 역량과 추구하는 가치에 따라 현실은 더 나아질 수도, 더 나빠질 수도 있다. 단순히 사실을 전달하느냐, 그 안의 교훈(진실)까지 이끌어낼 수 있느냐가 미래 '로봇 기자'와 '사람 기자'를 나눌 것이다.

모의고사 4회 ▶ 바람직한 한일 관계의 조건

해설

 윤석열 정부 들어 한일관계를 개선하려는 양국 정상의 움직임이 거셌다. 정부 대 정부 관계로서는 양국 관계는 완전히 정상 궤도를 회복했다. 이른바 '셔틀 외교'가 복원된 것은 물론이고 기시다 후미오 일본 총리가 퇴임 전인 2024년 9월 방한해 윤석열 대통령에게 "한일 관계가 더욱 발전하도록 힘써달라."라고 제언하기도 했다. 하지만 일제강점기 징용과 위안부 피해자의 명예회복과 보상, 진정한 사과에 대해서는 피해 당사자와 일본 정부, 한국 정부 등의 온도차이가 명확하다. 피해자 입장에서는 진정한 사죄와 보상이 없이 일본 정부와의 화해를 선뜻 받아들이기 어려운 것도 엄연한 사실이다. 높아진 대한민국의 위상 등을 감안해 당당하게 대해야 한다는 주장도 있다.

 이 때문에 한일관계는 여전히 핫 이슈이고 다양한 시각에서 논술문을 작성해 보는 노력이 필요하다. 2021년 부산일보 수습공채로 입사한 변은샘 기자가 복원한 답안을 소개한다.

새로운 답안

　역사의 단죄에는 법적 책임을 넘어 기억의 책임이 있다. 가해자 당사자에게만 낙인찍는 일은 쉽다. 기억의 책임은 피해사실을 사회적으로 계승해 잘못을 반복하지 않겠다고 약속하는 작업이다. 지금껏 한일갈등에서 과거사에 대한 기억의 책임은 없었다. 양국 정부 모두 과거사를 '기억'하는 대신 '이용'해왔다. 한국은 가해자 일본에게만 낙인찍고 일본은 과거정부 탓으로 돌렸다. 후속세대라는 이유만으로 윤리적 책임을 면제받는다면 식민지배와 직접 관련 없는 일본 정부와 국민에게도 사과를 요구하긴 어렵다. 한국 사회가 먼저 기억의 책임에 나서야 한다.

　한국 정부는 기억의 책임을 방기해 왔다. 과거사를 직면하는 대신 당장의 한일 갈등을 정치적으로 이용해 왔다. 지소미아 종료, 수출규제로 확산된 강제징용 피해자 문제는 이미 2012년 판결이 났었다. 일본은 그때도 65년 협정과 배치된다고 말했다. 서로 다른 해석이 낳을 문제가 명백했는데도 정부의 조치는 없었다. 단기적인 이슈로 문제를 덮었다. 이명박 정부의 독도 방문, 박근혜 정부의 졸속 위안부 합의에 이어 문재인 정부는 그 합의를 뒤집기에 이르렀다. 매 정권 일본에게 가해자 낙인을 찍는 사건으로 눈길은 끌었지만 피해자는 중심에 없었다. 정권이 교체될 때마다 한일 역사문제가 재점화될 수밖에 없었던 배경이다.

기억의 책임을 저버리면 피해자는 사라진다. 한일 갈등을 정치적으로 이용하면서 정작 피해자는 잊혀졌다. 강제징용 피해자들은 개인이 직접 일본제철에 손해배상을 청구해야 했다. 국가가 주목하지 않았기 때문이다. 소송을 제기한 지 올해로 23년이다. 외교, 경제문제가 된 징용문제는 23년간 국가가 과거사를 외면한 결과다. 이슈만 무성했던 위안부 문제에서도 피해자 위안부 할머니는 밀려나 있었다. 2015년 위안부 합의가 체결된 다음 날 이용수 할머니는 외교부 차관에게 말했었다. "당신이 하는 일이 뭐예요. 왜 우릴 몰라 줘요." 모금된 후원금 88억 원 중 할머니를 위해 쓴 돈은 2억 원이었다. 정권이 교체될 때마다 합의를 반복해서 무시하는 한국의 처사에 일본의 불신은 극에 달했다. 한일문제에 일본 여론은 피로감부터 드러낸다. 한국이 피해자를 지우면서 피해자들이 말할 통로는 더 막혔다.

　한국이 먼저 한일문제에 기억의 책임을 질 때 갈등 해결의 실마리를 찾을 수 있다. 과거 임진왜란 뒤 조선과 일본 관계가 다시 정상화된 것도 그 시작은 국가의 피해자 보호였다. 일본에 끌려간 피로인 송환 문제가 대두되자 조선은 쇄환사를 네 번에 걸쳐 보냈다. 총 5천여 명을 고국으로 데려왔다. 비로 쓸 듯이 피로인을 모두 송환한다는 쇄환사, 조선왕조는 국민을 끝까지 보호했다. 30년에 걸친 치유 과정 후에야 조선과 에도 막부 사이 친선 외교 길이 열렸다. 가해자가 아니라 해서 한국 국민 그 누구도 오늘날 한국의 독립과 경제성장, 민주주의에 빚지지 않은 사람은 없다. 피해자를 고립시킨 건 가해자와 함께 폭력에 침묵한 사회다. 피해자의 희생은 오늘날 한국의 발판이다. 피해자 문제를 한국사회가 먼저 끝까지 끌어안아야 번복 없는 피해자 중심주의 한일관계 원칙이 마련될 수 있다.

일본이 응답하지 않는 현 상황에선 우선 한국 안에서 기억의 책임을 질 수 있는 방법을 찾아야 한다. '회복적 사법론'을 참고할 수 있다. 처벌의 끝은 응보가 아니라 회복이라고 보는 시각이다. 피해자들은 가해자에 대한 엄벌뿐 아니라 상처가 치유됐을 때 비로소 회복된다. 그런 의미에서 "사법부 판단에 개입할 수 없다."는 한국 정부의 원칙은 가해자 책임으로만 돌리는 정부의 책임 방기다. 피해자를 보호하고 피해사실을 기억할 수 있는 제도 마련이 필요하다. 배상에 있어서는 독일이 운영하는 '기억, 책임, 미래재단'을 참고할 수 있다. 한국과 일본의 정부, 기업 등이 자금을 내 재단에서 과거사 문제를 처리하는 식이다. 이는 양국 정부가 과거사 처리 문제를 더는 정치적 쟁점으로 삼지 않겠다고 선언하는 일이기도 하다. 이해관계를 벗어나 피해자를 중심에 둔 기억의 단죄는 언제나 현재진행형이어야 한다. 그래야 폭력의 역사가 되풀이되지 않을 수 있다.

만든 사람들

집필진

- 이현택_조선일보 기자
  연세대 경영학과와 동국대 언론정보대학원, 미국 애리조나주립대 크롱카이트스쿨에서 공부했다. 중앙일보 수습기자로 언론계에 입문, 2017년 조선일보로 이직했다. 이화여대 윤세영저널리즘스쿨에서 학생들을 가르쳤다. 미국 탐사보도협회(IRE) 이사.

- 강버들_JTBC 기자
  이화여대 언론정보학부를 졸업한 후, 문화일보와 채널A를 거쳤다. 학창시절 학내 웹진 'DEW'에서 활동한 경험을 살려 언론계 진로를 선택했다. 기자가 되기 전부터 글쓰기 첨삭을 잘해 '강 고수'라는 별명도 얻었다. 특기는 논술 첨삭과 독설.

- 김영민_前 중앙일보 기자
  한국외대에서 정치외교학과 경제학을 전공했다. 중앙일보 경제섹션의 취업준비생 '자소서 칼날분석' 코너를 운영했다. 한국프랜차이즈산업협회 주관 '올해의 언론인'으로 선정된 바 있다. 공저에 〈중앙일보-JTBC 입사 공식 가이드북〉이 있다.

- 오경묵_조선일보 기자
  경희대 언론정보학과를 졸업했다. 뉴스1 법조팀, 부동산팀 등에서 일했다. 2017년 조선일보로 이직, 현재는 사회정책부 복지팀에서 일하고 있다. 언론인을 꿈꾸는 카페 '아랑' 운영자 '메모장'이기도 하다.

공저자

- 강민경_YTN 기자
- 김효혜_매일경제 기자
- 김진주_한국일보 기자
- 박현주_前 한국저작권위원회
- 송락규_KBS 기자
- 이정규_한겨레 기자
- 유슬기_이화여대
- 강해령_서울경제신문 기자
- 김익환_한국경제 기자
- 노지원_한겨레 기자
- 변은샘_부산일보 기자
- 이은정_前 이데일리 기자
- 이혜림_前 뉴스1 기자
- 남록지_前 중앙일보 인턴기자

고급 언론고시 실전연습 〈논술편〉

개정5판1쇄 발행	2025년 02월 20일 (인쇄 2024년 10월 23일)
초 판 발 행	2014년 08월 05일 (인쇄 2014년 06월 30일)
발 행 인	박영일
책 임 편 집	이해욱
편 저	이현택·강버들·김영민·오경묵
편 집 진 행	강승혜
표지디자인	박수영
편집디자인	최혜윤
발 행 처	(주)시대고시기획
출 판 등 록	제10-1521호
주 소	서울시 마포구 큰우물로 75 [도화동 538 성지 B/D] 9F
전 화	1600-3600
팩 스	02-701-8823
홈 페 이 지	www.sdedu.co.kr
I S B N	979-11-383-7856-7 (13320)
정 가	18,000원

※ 이 책은 저작권법의 보호를 받는 저작물이므로 동영상 제작 및 무단전재와 배포를 금합니다.
※ 잘못된 책은 구입하신 서점에서 바꾸어 드립니다.